W0088045

Guter Heinrich trifft Sieglinde

Elke Achtner-Theiß/Sabine Kumm

Guter Heinrich trifft Sieglinde

GESCHICHTEN UND GERICHTE
AUS DER GEMÜSEKÜCHE

THORBECKE

Mix
Produktgruppe aus vorbildlich
bewirtschafteten Wäldern, kontrollierten
Herkünften und Recyclingholz oder -fasern
Product group from well-managed
forests, controlled sources and
recycled wood or fibre
www.fsc.org   Zert.-Nr. SGS-COC-004238
© 1996 Forest Stewardship Council

Für die Schwabenverlag AG ist Nachhaltigkeit ein wichtiger Maßstab ihres Handelns. Wir achten daher auf den
Einsatz umweltschonender Ressourcen und Materialien.
Dieses Buch wurde auf FSC-zertifiziertem Papier ge-
druckt. FSC (Forest Stewardship Council) ist eine nicht
staatliche, gemeinnützige Organisation, die sich für eine
ökologische und sozial verantwortliche Nutzung der
Wälder unserer Erde einsetzt.

Bibliografische Information der Deutschen Nationalbibliothek
Die Deutsche Nationalbibliothek verzeichnet diese
Publikation in der Deutschen Nationalbibliografie;
detaillierte bibliografische Daten sind im Internet über
http://dnb.d-nb.de abrufbar.

© 2010 by Jan Thorbecke Verlag
der Schwabenverlag AG, Ostfildern
www.thorbecke.de • info@thorbecke.de

Alle Rechte vorbehalten. Ohne schriftliche Genehmigung
des Verlages ist es nicht gestattet, das Werk unter
Verwendung mechanischer, elektronischer und anderer
Systeme in irgendeiner Weise zu verarbeiten und zu
verbreiten. Insbesondere vorbehalten sind die Rechte der
Vervielfältigung – auch von Teilen des Werkes – auf
photomechanischem oder ähnlichem Wege, der tontech-
nischen Wiedergabe, des Vortrags, der Funk- und
Fernsehsendung, der Speicherung in Datenverarbeitungs-
anlagen, der Übersetzung und der literarischen oder
anderweitigen Bearbeitung.

Gestaltung: Finken & Bumiller, Stuttgart
(Gundula Rexin und Dirk Wagner)
Gesamtherstellung: Jan Thorbecke Verlag, Ostfildern
Hergestellt in Deutschland
ISBN 978-3-7995-3551-9

VORHANG AUF, BÜHNE FREI ...

... denn nun erscheinen die Stars unserer Marktstände, die Lieblinge der guten Küche, die Idole der Ernährungswissenschaft: unsere Gemüse! Frisch und vital, wie der Ruf ihnen vorauseilt, sind sie von den Feldern und aus den Gärten Europas direkt hierher auf diese Seiten gereist, um Sie zu unterhalten! Unter ihnen natürlich so trendige Topseller wie Bobbybohne, Batate und Rucola. Aber auch die Evergreens der abendländischen Gemüsetradition wie Tomate, Wirsing und Erbse sind mit von der Partie. Last but not least die fast vergessenen Favoriten früherer Jahrhunderte, heute wieder als Insidertipp erster Güte gehandelt: Guter Heinrich, Meerkohl, Pastinake, um nur einige zu nennen.

Wo Alt und Jung zum Event zusammenfinden, da dürfen unsere traditionsreichen Kartoffeln nicht fehlen – vom historischen Bamberger Hörnchen über die hitverdächtige Sieglinde bis zur Newcomerin Nicola. Mögen die Lebensmittelchemiker sie immer noch wegen ihres hohen Kohlenhydratgehalts lieber zu den »Sättigungsbeilagen« wie Reis, Nudeln und Brot zählen! Wir integrieren unsere hochgeschätzten Kartoffelsorten sowohl wegen ihrer botanischen als auch ihrer kulinarischen Qualitäten in die große, tolerante Familie der Wurzelknollengemüse. Zumal sie sich, umgeben von einheimischem Kraut, dort von jeher besonders wohl fühlen.

Alt und jung, rot, grün, gelb, weiß, violett und braun – in all ihrer Vielfalt haben sich unsere Gemüsesorten hier zum großen Potpourri zusammengefunden, bieten Ihnen die allseits geschätzten Vitamine, Mineral-, Ballast- und sekundären Pflanzstoffe. Mögen Sie es heiß oder kalt, mild oder herzhaft, scharf oder zartbitter? Ganz gleich, Sie kommen in jedem Fall auf Ihre Kosten, denn für alle Geschmäcker ist etwas dabei. Sogar für alle ernährungstheoretischen Glaubensrichtungen, ob Sie nun Anhänger der Low-Fat- oder Low-Carb-Lehre sind, ob Sie die Haysche Trennkost oder die Makrobiotik bevorzugen, ob Sie sich nach den vier Blutgruppen oder den fünf Elementen ernähren möchten – mit Gemüse sind Sie stets gut beraten, denn es wird von allen tatsächlichen wie vermeintlichen Ernährungswissenschaftlern gleich hochgeschätzt.

Sie können, wenn Sie mögen, die ganze Gemüsevielfalt als Parade erleben, in dem Sie einfach nach Belieben die Seiten durchblättern, die Rezeptseiten studieren und anschließend den Kochlöffel schwingen. Sie können aber auch zunächst der Struktur dieses Buches folgen und unsere Castings mitverfolgen. Denn wir erzählen Ihnen in mehreren übersichtlichen Kapiteln, mit welch wunderbaren Persönlichkeiten Sie es zu tun haben. Stellen deren Vorzüge heraus, verraten aber auch die ganz kleinen Schwächen. Vor allem berichten wir Ihnen ein wenig vom Werdegang unserer Megastars, nach dem Motto: »Wie sie wurden, was sie sind«.

Um jeden Einzelnen trotz der überbordenden Vielfalt ins rechte Licht zu rücken, haben wir sie zu kleinen »Performances« zusammengefasst. Allerdings nicht immer nach den Regeln der Botanik, sondern entsprechend ihrer speziellen Talente: Welches Gemüse kann was leisten? Und welches kann ein anderes im großen Chor der übrigen Lebensmittel ersetzen? Von daher finden Sie bei uns den Topinambur im Trio mit Kartoffel und Batate wieder, Chicorée und Endivie begleiten den Lattich und seine Kindertruppe, Pastinake und Möhre übernehmen die erste Stimme im Kanon der Speiserüben.

Lehnen Sie sich also zurück, machen Sie es sich bequem, lassen Sie sich verzaubern. Und lassen Sie vor allem Ihr Telefon im Ladegerät stecken! Denn auch wenn wir viele Castings bieten – es wird keinen Contest und kein Voting geben, Superstars sind sie schließlich alle. Und wir glauben, dass ein jeder von ihnen einen Spitzenplatz in unseren Kochtöpfen, in unseren Pfannen und nicht zuletzt in unseren Mägen verdient hat!

GESCHICHTSTRÄCHTIGE VERWECHSLUNGEN

Kartoffel, Topinambur und Batate

Wenn einer Karriere macht, dann landen seine Konkurrenten oftmals im Abseits. Mancher wird gar gänzlich abgedrängt. So erging es dem Topinambur, als die Kartoffel während des 19. Jahrhunderts zum Lieblingsgemüse der Mitteleuropäer gedieh. Denn letztere füllte mit ihrem hohen Stärkegehalt die Mägen der Fabrikarbeiter rascher und nachhaltiger als jedes andere Gemüse. Inzwischen haben Liebhaber auch den Topinambur wieder bekannt gemacht, doch kaum hat er sich einen Platz an unseren Marktständen erobert, muss er eine neue Mitbewerberin fürchten: die Batate, mit der er zu allem Unbill auch noch den Beinamen »Süßkartoffel« teilen muss.

Kartoffel, Topinambur und Batate – verwandt sind sie kein bisschen. Dafür ist die Verwendung ähnlich. Und ähnlich vielseitig! Selbst solche Klassiker wie Pommes frites, Rösti oder Irish Stew lassen sich aus allen drei Knollen zubereiten.

Die Vorherrschaft der Kartoffel ist freilich gesichert. Ein urdeutsches Gemüse scheint sie zu sein, ist so gut wie in jeder Küche daheim, in Fastfoodbuden wie in Sternerestaurants ein Dauerbrenner. Und doch hat es mehr als zweieinhalb Jahrhunderte gedauert, bis die bereits im 16. Jahrhundert erstmals eingeschifften Zöglinge des Solanum tuberosum bei uns eine Heimat fanden. Obwohl Preußenkönig Friedrich Wilhelm I. (1688–1740) seinen Bauern drohte, Nasen und Ohren abschneiden zu lassen, falls sie den Anbau des nahrhaften Gewächses verweigerten. Obwohl sein Sohn und Nachfolger, Friedrich der Große (1712–1786), die Kartoffel nach allen damaligen Regeln der Warenwirtschaft subventionierte: Er verschenkte das Saatgut säckeweise an die armen Bauern und nahm die Ernte vom Zehnten aus. Eine verbreitete Anekdote erzählt, er habe schließlich die von ihm so bezeichneten »Tartoffeln« auf den königlichen Äckern anbauen und zum Schein von Soldaten strengstens bewachen lassen, um die Neugier seiner Untertanen zu wecken, was schließlich zum Erfolg geführt haben soll. Eine sicherlich hübsche, aber nicht ganz wahre Geschichte. Im Frühjahr 1756, der Siebenjährige Krieg stand den Preußen bereits ins Haus, besann sich der ansonsten der Aufklärung und Freigeistigkeit eng verbundene »Alte Fritz« ganz plötzlich der Tradition seiner absolutistischen Vorfahren und ließ den Kartoffelanbau landauf, landab von Dragonerheeren durchsetzen.

Der Vorbehalt der Bauern hatte Gründe. Denn kulinarisch konnte das Gemüse aus den Anden-tälern seinerzeit noch nicht so überzeugen wie unsere modernen Züchtungen namens Sieglinde, Cilena oder Nicola. Mitteleuropas Klima – die langen warmen Sommertage, die mitunter früh einsetzende Winterkälte – gefährdete zwar nicht die Ernte, aber die Knollen gediehen oft bitter oder muffig, zeigten eine glasige Konsistenz. Kraut, Schalen und Keime waren obendrein viel giftiger als heute. Folglich machte die Zubereitung – im Gegensatz zu Kohl und Rüben – einigen Aufwand und hinterließ viel Abfall, den man noch nicht einmal dem Vieh verfüttern konnte. Ganz im Stillen schien sich damals ein anderes Gewächs aus Übersee durchsetzen zu wollen: der Topinambur. Seine Wurzelknollen hatten Ähnlichkeit mit der verschmähten Kartoffel, schmeck-ten aber verlässlich mild und waren garantiert ungiftig. Benannt wurde er nach den Topinambu-Indianern, die Anfang des 15. Jahrhunderts nach Frankreich gebracht und dem staunenden Pub-likum auf Jahrmärkten präsentiert wurden. Diese stammten zwar aus Brasilien, während die Knollen eher in Nord- und Mittelamerika verbreitet waren, doch derlei spitzfindige Unterschei-dungen nahm die Öffentlichkeit nicht zur Kenntnis. Der Topinambur verbreitete sich rasch von Frankreich aus nach Osten. Historiker vermuten, dass er in deutschen Landen gelegentlich mit der Kartoffel verwechselt wurde, denn beide Knollen nannte man auch Grundbirne oder

Erdapfel, sodass womöglich so mancher preußische Kartoffelacker in Wahrheit mit Topinambur bestellt war.

Saatgutinitiativen, die sich um vergessene Gemüsesorten bemühen, haben den Topinambur wieder ausgegraben. Zum Glück für alle Feinschmecker, denn er ist unkompliziert, schmeckt edel nach Nuss und ein wenig wie Artischocken. Dank eines speziellen Kohlenhydrats namens Inulin empfiehlt er sich sogar für Diabetiker als »Sättigungsbeilage«.

Die echte Süßkartoffel, auch Batate genannt, war und blieb bis heute eine Exotin, denn sie gedeiht ausschließlich in den heißen Ländern gut. Im 17. und 18. Jahrhundert gelangte sie nur vereinzelt auf die Tafeln der Reichen, heute aber als Großimporte aus Asien und Afrika in die Pfannen und Kochtöpfe von Feinschmeckern aller Gehaltsgruppen. Groß, prall und idealerweise orangerot leuchtend stellt sie sowohl die klassisch-braune Kartoffel als auch den blassen Topinambur optisch in den Schatten. Doch das sind Äußerlichkeiten. Im fertigen Gericht sorgen die verschiedenen Aromen für Variation ohne Ende – bei ein und demselben Rezept. Übrigens: Die scheinbaren Konkurrenten lassen sich in friedlicher Eintracht in einer Suppe oder einem Pfannengericht zusammenrühren.

Die Kartoffel kennt viele Legenden. Eine davon erzählt von ihren Aminosäuren. Die sollen fast genauso zusammengesetzt sein wie die im menschlichen Körper. Ob Homo sapiens und Solanum tuberosum demnach auf geheimnisvolle Weise miteinander verwandt sind? Wir wollen es nicht hoffen, doch schaden kann die Ähnlichkeit ja auch nicht.

Schaden kann indes das Solanin, das in Keimen und grünen Stellen steckt, mitunter auch in der Schale. Also weg damit! Es bleiben uns ja jede Menge Calcium, Kalium, Magnesium, Eisen, außerdem die Vitamine B1, B2, B6, C ... und ein Ferment, das – so die Volksmedizin – wie ein Magenpflaster wirken soll. Dem gegenüber gilt der Topinambur vor allem als Dompteur für Leber und Galle. Neben seinem beeindruckenden Vitamin B1-Gehalt macht noch ein Kohlenhydrat, das Inulin, von sich reden. Es wird im Verdauungstrakt in Fruchtzucker verwandelt, was Diabetikern gut bekommen soll. Und die Batate? Die ist zu kurz auf unseren Märkten, um Wissenschaftler und/oder Legendenerzähler zu beschäftigen. Doch dass sie mehr Vitamin C als Kartoffel und Topinambur zusammen hat, spricht sich langsam herum.

DASS DIE DÜMMSTEN BAUERN DIE DICKSTEN KARTOFFELN ERNTEN, HEISST ES. DOCH DAS SOLL EIN TRUGSCHLUSS SEIN. GESCHEITE BAUERN BEHAUPTEN VON SICH, ES GELINGE IHNEN NUN MAL BESSER, DEN STÄDTERN IHRE ZU KLEIN GERATENEN KARTOFFELN UNTERZUJUBELN.

Topinambur-Pfannkuchen mit Joghurtcreme – FÜR 4 PERSONEN

FÜR DIE PUFFER: ½ WÜRFEL HEFE | 250 ML BUTTERMILCH | 2 EIER | 200 G MEHL | 200 G TOPINAMBUR | SALZ, PFEFFER, MUSKAT | 5 EL KOKOSFETT | FÜR DIE JOGHURTCREME: 125 G JOGHURT | 125 G SAURE SAHNE | 2 KNOBLAUCHZEHEN | KRÄUTERSALZ, SALZ

Die Hefe in einem Esslöffel handwarmer Buttermilch auflösen, kurz ruhen lassen. Unterdessen die Eier und das Mehl mit der restlichen Buttermilch gut verrühren. Die aufgelöste Hefe zugeben und nochmals gut rühren. Den Teig abgedeckt bei Zimmertemperatur etwa eine halbe Stunde gehen lassen. // Den Topinambur schälen und grob reiben, in den Teig geben und diesen mit Salz, Pfeffer und Muskat abschmecken. Das Kokosfett in eine Pfanne geben und erhitzen. Jeweils eine Suppenkelle des Teigs ins heiße Fett geben. Die Puffer von beiden Seiten goldgelb braten. // Joghurt und Sahne (beide sollten Zimmertemperatur haben) miteinander verrühren. Knoblauchzehen schälen und durch eine Knoblauchpresse zur Creme geben. Mit Salz und Kräutersalz abschmecken und zu den Puffern reichen. //

Kartoffelpfanne mit Pfifferlingen – FÜR 4 PERSONEN

300 G PFIFFERLINGE ODER STEINPILZE | 1 KLEINE ZWIEBEL | 3 EL SCHWEINESCHMALZ | SALZ, PFEFFER | 800 G PELLKARTOFFELN VOM VORTAG (FESTKOCHENDE SORTE) | 350 G GEKOCHTER SCHINKEN | ½ BUND SCHNITTLAUCH

Pfifferlinge putzen, klein schneiden, Zwiebel schälen und würfeln. Einen Esslöffel Schweineschmalz erhitzen, Pfifferlinge und Zwiebelwürfel darin scharf anbraten. Salzen und pfeffern, herausnehmen und warmhalten. // Kartoffeln pellen und in Scheiben schneiden. Zwei Esslöffel Schweineschmalz erhitzen und Kartoffelscheiben portionsweise darin anbraten, mit Salz und Pfeffer würzen. Herdplatte auf kleine Stufe stellen. // Schinken in Streifen schneiden, unter die Kartoffeln mischen, Pfifferlinge und Zwiebeln mit unterheben. Unter geschlossenem Deckel für zehn Minuten auf kleiner Stufe schmoren lassen. // Den Schnittlauch in Röllchen schneiden. Unmittelbar vor dem Servieren über die Kartoffelpfanne geben. //

Batate-Fenchel-Auflauf – FÜR 4 PERSONEN
3 SÜSSKARTOFFELN (CA. 700 G) | 1 GROSSE KNOLLE FENCHEL MIT GRÜN | OLIVENÖL | SALZ, PFEFFER | ETWAS WASSER | 250 G SCHAFSKÄSE

Süßkartoffeln schälen und in ca. 3 Zentimeter große Würfel schneiden. Den Fenchel außen abwaschen, das Grün abschneiden und beiseite legen. Die Fenchelknolle vierteln und in etwa einen Zentimeter breite Streifen schneiden. Nun das Grün klein schneiden. // Süßkartoffel-stücke, Fenchelstreifen und Fenchelgrün gut vermischen, Olivenöl, Salz und Pfeffer dazugeben und etwas durchziehen lassen. Den Boden einer Auflaufform mit etwas Wasser benetzen, die Mischung einfüllen und mit Alufolie abdecken. // Den Auflauf bei 180 °C Umluft etwa 40 Minuten im vorgeheizten Ofen backen. Unterdessen den Schafskäse fein zerbröseln. Folie ablösen, Schafskäse über den Auflauf streuen und nochmals 15 Minuten backen. //

Rheinische Kartoffelsuppe – FÜR 4 PERSONEN

1 KG RINDFLEISCH | 500 G MÖHREN | 250 G LAUCH | 1 KLEINE SELLERIEKNOLLE | 2 ZWIEBELN | 1 EL ÖL | 2 LORBEERBLÄTTER | 1 KG MEHLIGKOCHENDE KARTOFFELN | ½ BUND PETERSILIE | SALZ, PFEFFER, MUSKAT

Das Rindfleisch mundgerecht zerkleinern, in einen Topf mit kaltem Wasser geben, sodass es gerade bedeckt ist. Das Wasser allmählich erhitzen und etwas Salz zugeben, den dabei entstehenden Schaum mit einem Schaumlöffel abheben und entfernen. // Möhren, Lauch und Sellerie grob zerkleinern und zugeben. Die Zwiebeln halbieren, mit der Schnittfläche nach unten in einer kleinen Pfanne in dem Öl anbraten, bis sie leicht braun sind. Die Zwiebeln mit dem Öl und den Lorbeerblättern zur Suppe geben und alles zwei bis drei Stunden bei geschlossenem Deckel köcheln lassen, bis das Rindfleisch weich ist. Unterdessen die Kartoffeln schälen und in kaltes Wasser legen, die Petersilie klein hacken. // Die Fleischstücke aus der Suppe nehmen und warm halten. Das Gemüse aus der Brühe heben und entfernen, die Brühe eventuell mit Hilfe eines feinen Siebs weiter klären. Die Kartoffeln in die Brühe raspeln und etwa 20 Minuten garen, bis sie zu einer Creme zerfallen. Dann die Fleischstücke, die Petersilie und wenn nötig noch etwas heißes Wasser zufügen. Zuletzt mit Salz, Pfeffer und Muskat abschmecken. //

ALTES UND NEUES
AUS DER UNTERWELT
Möhren, Pastinaken und Speiserüben

Jahrhunderte lang hatte das Gros der Mitteleuropäer für kulinarische Feinheiten keinen Sinn. Was sich als Pfahlwurzel aus der Erde bohrte und essbar war, hieß im Volksmund schlicht und ergreifend »Rübe«. Auch die süße Möhre, alias Karotte, die den Beinamen »Gelbe Rübe« bekam. Und auch die von berühmten Ärzten des Altertums wie Dioskurides als Universal-Medizin gepriesene Pastinake. Sie musste sich häufig mit der Bezeichnung Speckmöhre zufrieden geben. Die elegante Weißrübe, die pikante Kohlrübe, sogar die zarte Rote Bete – angesichts des periodisch drohenden Hungertods waren sie dem Volk allesamt gleich.

Damals schwammen sie notgedrungen in ein und demselben Kochtopf. Heute können wir es uns leisten zu differenzieren und nur zusammenzupacken, was zusammen gehört. Möhren passen bestens zu Pastinaken und Rüben. Rüben und Pastinaken sollte man eher trennen.

Die Möhre hat – ihrem Vitaminreichtum sei dank – einiges zur »Bürgerlichen Küche« der Deutschen beitragen dürfen. Sie war obligatorischer Bestandteil vieler Gemüsebeilagen, von der klassischen Erbsen-Möhren-Melange in Mehlschwitze bis zum Leipziger Allerlei nebst Varianten. Landauf, landab färbte sie Hände wie Schürzen orangerot, um zu guter Letzt in Form knubbeliger, kleiner Rosetten und flankiert von Petersiliensträußlein all die kalten Buffets im Land zu zieren. Die Möhre hat freilich auch den Humor der Deutschen genährt – sogar in mehrfacher Hinsicht. Speziell in verschrumpelter, madenbefallener Gestalt diente sie zum Verballhornen der frühen Naturkostbewegung. Und sie war der Staffelstab einer ganzen Serie von Häschenwitzen, die lange vor der Wiedervereinigung Ossis und Wessis als verschworene Kulturgemeinschaft offenbarten. Wir erinnern uns: Das einfältige Häschen setzte zu einer wahren Odyssee durch den Einzelhandel an mit der Frage zwischen den Vorderzähnen: »Hattu Möhren?«, wobei es stets an die falsche Adresse geriet. In Ostdeutschland war es zumeist die Logistik, in Westdeutschland eher die fehlende Markttransparenz, die für Heiterkeit sorgte. Mitte der 1980er-Jahre gab Häschen auf und verschwand. Dafür hatte Helge Schneider 2002 mit seinem Gassenhauer »Tu ma' lieber die Möhrchen« endlich die universal gültige Argumentation gegen den Marihuana-Konsum parat: »Marihuana macht so schlapp (…), Möhrchen machen Möhrchen« heißt es da. Zeitreise gefällig? Dann begeben wir uns schnurstracks ins Mittelalter, suchen dort nach unserem witzigen Allerweltsgemüse – und finden es nicht. Denn die Möhre gewann erst im Zuge des 18. Jahrhunderts an Bedeutung. Zuvor kannte man Wildmöhren, kleine blassgelbe Pfahlwurzeln, die dann und wann von den vielen Hungerleidern jener Epoche aus der Erde gezogen und verspeist wurden. Das slawisch-germanisch Wort »mohra« hat lediglich die Bedeutung »essbare Wurzel«.

Bis dato waren andere Gemüse vorrangig. Besonders beliebt: die Pastinake. Sie war der Möhre ähnlich, aber von Natur aus massiger und obendrein nahrhafter. Mehr Kohlenhydrate und sogar etwas Fett, diagnostiziert die moderne Ernährungswissenschaft. Unsere Vorfahren lobten sie denn auch als »Fettmöhre«, was für damalige Begriffe überaus positiv klang. Man gab Pastinaken gern den Kranken, den Alten, den schwächlichen Kindern. Sie galt als Kräftigungsmedizin schlechthin, sollte sogar gegen die Pest helfen. Eine These, die wir heute glücklicherweise nicht mehr überprüfen können.

Wie wir wissen, trug während des 20. Jahrhunderts die Möhre endgültig den Sieg davon: so karottenrot, knackig und symbolträchtig, wie die Züchter sie unterdessen präsentierten. Sie verdrängte nicht nur die sich dem Kunstdünger widersetzende Pastinake, sie beförderte auch jene Rübensorten ins Aus, die keineswegs als bloße Hungerration, sondern – bis ins vorige Jahrhundert hinein – als wertvolle Eintopfeinlage beliebt waren: allen voran die Weißrübe, heute wieder populär in einer zierlichen Variante namens »Teltower Rübchen«, aber auch die Steckrübe, die sich – mehr als alle anderen – zu Hammel- oder gepökeltem Schweinefleisch empfiehlt. Wie schön, die ehemaligen Konkurrenten heute wieder einträchtig beisammen auf unseren Wochenmärkten zu finden, sogar in gut sortierten Supermärkten!

Ein wunderbarer Pflanzenstoff hat der Möhre, alias Karotte, seinen Namen zu verdanken: Er heißt Beta-Carotin. Die Ernährungsmedizin liebt ihn, denn er hat die Eigenschaft, sich dank natürlicher Stoffwechselvorgänge in das lebensnotwendige Vitamin A zu verwandeln. Die emsige Riege der Lebensmittelstylisten aber hat vor allem die appetitliche Farbe des Beta-Carotins im Auge und schminkt damit alles, was ansonsten dank seiner Blässe die industrielle Herkunft allzu deutlich offenbaren würde: vom Streichkäse über die Kartoffelcremesuppe bis zum Orangenbonbon. Die Schwestern der Möhre, Pastinake und Speiserübe, haben – wie der Augenschein verrät – deutlich weniger Beta-Carotin. Dafür punkten sie mit anderen Qualitäten. Die Weißrübe zum Beispiel hat nicht nur ebensoviel Vitamin B1 und B2 aufzuweisen, sie liefert auch eine bemerkenswerte Portion antibakterieller Senföle. Die bleiche Pastinake aber ist die Prima inter pares. Sie trumpft mit der teils anderthalbfachen, teils doppelten Menge an Vitaminen C, B2, E sowie an Niacin und Kalium auf.

RÜBEN, RÜBEN, RÜBEN,
HABEN MICH VERTRIEBEN.
HÄTT MEINE BRAUT MIR FLEISCH GEKOCHT,
WÄR ICH BEI IHR GEBLIEBEN.
Deutscher Gassenreim

Möhren-Rüben-Eintopf – FÜR 4 PERSONEN

500 G MAIRÜBEN | 500 G MÖHREN | 500 G GEPÖKELTES SCHWEINEFLEISCH (KASSLER) | 1 ZWIEBEL | 1 EL SONNENBLUMENÖL | 1 LORBEERBLATT | WASSER | SALZ, PFEFFER | 1 TL GETROCKNETER LIEBSTÖCKEL

Mairüben und Möhren schälen, Mairüben und Schweinefleisch in mundgerechte Würfel, Möhren in entsprechend dicke Scheiben schneiden. Zwiebel würfeln, in einen großen Topf geben und im heißen Sonnenblumenöl glasig dünsten. Rüben- und Möhrenstücke dazugeben und kurz andünsten. Schweinefleisch zusammen mit dem Lorbeerblatt zugeben, alles mit Wasser übergießen, bis es bedeckt ist. Kurz aufkochen und bei milder Hitze etwa 20 Minuten köcheln lassen. Den dabei entstehenden Schaum mit einem Schaumlöffel abheben. Mit Pfeffer, eventuell auch etwas Salz abschmecken, Liebstöckel zugeben, unterrühren und servieren. Dazu passt frisches Roggenbrot. //

PASTINACA SATI
VA PRIMA.   Iam Pasteney.

Mairübensalat – FÜR 4 PERSONEN

4 MAIRÜBEN | 2 GEMÜSEZWIEBELN | 4 EL WEISSER BALSAMICO | 6 EL WALNUSSÖL | SALZ, WEISSER PFEFFER

Die Mairüben schälen und eventuell vorhandene holzige Teile entfernen, dann in mundgerechte Stücke schneiden. Die Zwiebeln würfeln. Rübenstücke in Salzwasser bissfest garen, herausheben, abkühlen lassen und mit einem Küchentuch trocken tupfen. Die Zwiebelwürfel zugeben. Nun aus Balsamico, Öl, Salz und Pfeffer eine Salatsauce rühren und darübergeben. Alles gut vermischen, etwa 10 Minuten durchziehen lassen und nochmals mischen. Dazu passen ein kräftiger Rinderbraten und ofenfrisches Roggenbrot. //

Pastinaken-Möhren-Puffer — FÜR 4 PERSONEN
500 G PASTINAKEN | 500 G MÖHREN | 400 G KARTOFFELN | 125 G CRÈME FRAÎCHE | 3 EIER | 2 EL MEHL |
2 TL MAJORAN | SALZ, PFEFFER, MUSKAT | 5 EL BUTTERSCHMALZ

Pastinaken, Möhren und Kartoffeln putzen, schälen und grob raspeln. Crème fraîche, Eier, Mehl und Majoran einrühren, den Teig mit Salz, Pfeffer und Muskat abschmecken. Das Fett in einer Pfanne auf mittlerer Stufe erhitzen. Jeweils eine kleine Suppenkelle voll Teig abschöpfen und ins heiße Fett geben, eventuell mit einem Holzlöffel flachdrücken und wenige Minuten backen lassen, dann wenden und die andere Seite ausbacken. Dazu passt ungesüßtes Apfelmus. //

Möhrenkuchen
125 G WEICHE BUTTER | 125 G ZUCKER | 3 EIER | 200 G MEHL | 2 GEHÄUFTE TL BACKPULVER |
1 PR SALZ | 200 G MÖHREN | 100 G GEMAHLENE MANDELN | 1 GESTRICHENER TL ZIMT | MARK VON
½ VANILLESCHOTE | FETT UND MEHL FÜR DIE FORM | PUDERZUCKER ODER ZUCKERGUSS

Die Butter mit dem Zucker schaumig rühren. Eier trennen und das Eigelb rasch in den Teig rühren. Mehl mit Backpulver mischen, Salz hinzufügen und alles unterrühren. Die Möhren raspeln und in den Teig geben, Mandeln, Zimt und Vanillemark ebenfalls zugeben und alles unterrühren. Das Eiweiß zu Schnee schlagen und zuletzt vorsichtig unterheben. Wie jeder Rührteig muss dieser im Rohzustand »reißend« von einem Löffel abfallen. Falls er zu fest und klebrig geraten ist, etwas Wasser oder Zitronensaft einrühren, bis die richtige Konsistenz erreicht ist. //
Den Teig in eine gefettete und bemehlte Kastenform geben und im vorgeheizten Backofen etwa 45 Minuten bei 180 °C backen. Den abgekühlten Kuchen aus der Form nehmen, mit Puderzucker bestreuen oder mit einem Zuckerguss überziehen. //

DIE VERHEXTE VERONIKA UND DER SCHLANGENMORD

Spargel und Schwarzwurzel

Der Mai ist seine Zeit, wenn die Tauben turteln, die Hummeln brummeln und »Liebe« sich auf »Triebe« reimt. »Die ganze Welt ist wie verhext, Veronika, der Spargel wächst!«, trällerten in den 1930er-Jahren die Comedian Harmonists in ihrem berühmten Lied über Liebe, Triebe und Frühlingsgefühle. Nicht umsonst stammt der wissenschaftliche Name des Spargels »Asparagus« vom griechischen Wort »Aspháragos« für »junger Trieb« ab. Und die Spargeltriebe galten schon allein wegen ihrer potenten Optik von alters her als Aphrodisiakum. Bis zu sieben Zentimetern wächst eine Spargelstange an feuchtschwülen Tagen – das soll ihr erst mal einer nachmachen!

Die alten Griechen kannten den Spargel allerdings hauptsächlich als Heilpflanze mit harntreibender, abführender Wirkung – bis die orgiastisch vorbelasteten Römer den magenfreundlichen »König der Gemüse« zur Delikatesse erklärten und auch in unseren Breiten ansiedelten. Eine Wandmalerei aus Pompeji um 10 v. Chr. zeigt Fische und ein Bündel grünen Spargel, eine Kombination, die den römischen Gaumen besonders entgegenkam. Doch auch pur zubereitet, galt das triebhafte Gemüse als Nonplusultra der Kochkunst. »Es kann nur der kochen, dem es gelingt, Spargel ohne Zutat in wonnigster Vollendung aufzutischen«, ist von Lucius Licinius Lucullus überliefert, der im ersten vorchristlichen Jahrhundert als römischer Feldherr, Politiker und Feinschmecker von sich reden machte. Eine erstaunlich minimalistische Aussage für einen festmahlerprobten römischen Feingeist, dessen Name noch heute für »lukullische« Genüsse steht.

Aber man muss ihm einfach Recht geben: Quietschfrisch am Tag der Ernte mit Salz und Zucker gesiedet, braucht der Spargel kaum mehr als ein bisschen Butter, um jedes Feinschmeckerherz höherschlagen zu lassen. Vorausgesetzt, man schält die Stangen mit der nötigen Großzügigkeit – sonst bleibt auch vom feinsten Geschmack nur ein dumpfes Würgen im Hals. Ob die Germanen einen holzigen Spargel zuviel erwischt hatten oder seine Kalorienarmut zu ihrer Zeit einfach noch nicht en vogue war, wird für immer ihr Geheimnis bleiben. Tatsache ist, dass nördlich der Alpen mit dem Niedergang der Römer auch die delikaten Triebe in der Versenkung der Geschichte verschwanden.

Der Spargel tauchte unter, doch er bewies – wie sollte es anders sein – Steherqualitäten: Jahrhunderte lang führte er ein kontemplatives Heilpflanzenleben hinter den Mauern der Klostergärten, um dann im 16. Jahrhundert auf den Tischen des Adels ein fulminantes Comeback zu feiern. Plötzlich war man des Lobes voll für das damals noch grüne Schlemmergemüse. Hieronymus Bock nannte ihn in seinem 1539 erschienenen Kräuterbuch »ein lieblich speiß für die leckmeüler«. Zu diesen Leckermäulern gehörte auch der Sonnenkönig Ludwig XIV., der eine Welle der Spargel-Begeisterung auslöste. Mit Beginn des 18. Jahrhunderts war der Siegeszug der edlen Stangen nicht mehr aufzuhalten – je nach Anbau- und Erntemethode kam er grün, weiß oder violett auf die hochwohlgeborenen Teller der europäischen Adelshäuser.

Wer nicht mit einem goldenen Löffel im Mund geboren worden war, der hielt sich an den »Spargel des armen Mannes«: die Schwarzwurzel. Das Korbblütlergewächs ist eng mit Endivie und Wegwarte verwandt und fern jeder Frühlingständelei einfach herrlich alltagstauglich. So diente sie in Notzeiten auch schon mal dazu, Bohnenkaffee zu strecken. Ihre Beinamen »Natternkraut«, »Vipernwurz«, oder »Schlangenmord« deuten darauf hin, dass sie als Heilpflanze gegen Schlangenbisse galt.

Anders als der Spargel wird die Schwarzwurzel im Spätherbst geerntet und kann bei Bedarf sogar in der Erde überwintern. Dass sie nicht nur mit Samthandschuhen, sondern auch mit Gummi-handschuhen angefasst werden muss, liegt an ihrem milchigen Saft, der sich an der Luft rasch dunkel färbt und beim Abschälen ihrer schwarzen, korkigen Schale unschöne Flecken auf Hän-den und Kleidung hinterlässt. Dafür belohnt die Schwarzwurzel den, der sich um sie bemüht, mit Vitaminen und Mineralstoffen und einem feinen, nussigen Geschmack. Ihre entwässernde, appetithemmende Wirkung und der hohe Inulingehalt machen sie zu einem idealen Diätgemüse für Diabetiker. Kein Geringerer als Karl der Große hat sie regelmäßig verzehrt – und das adelt die »Kraftwurzel« auf ganz eigene Weise.

Spargelstangen enthalten zwar wenig Kalorien, dafür aber jede Menge Vitamine und Mineralstoffe. Die Vitamine C, E und Beta-Carotin wirken als Antioxidantien im Kampf gegen freie Radikale; die Mineralstoffe Kalium, Eisen, Magnesium, Calcium und Kupfer sind ebenfalls mit von der Partie. Die Aminosäure Asparagin-säure gibt der Frühjahrsdelikatesse ihren typischen Geschmack und fördert die Nierenfunktion. Das führt dazu, dass der Spargel, der selbst 95 Prozent Wasser enthält, für seine entwässernde Wirkung bekannt ist. Auch die Schwarzwurzel kann mit einem Bukett wichtiger Inhaltsstoffe aufwarten: Kalium, Calcium, Phosphor, Eisen und Natrium gehören dazu, ebenso wie das Provitamin A, die Vitamine B1, E und C. Besonders interessant: das Glykosid Inulin. Es wird im Magen von Enzymen in Säure und Fructose aufgespalten, die von Diabetikern leicht verwertet werden kann.

VOM HOCHGEWACHSENEN EHEMALIGEN STAATSPRÄSIDENTEN FRANKREICHS, CHARLES DE GAULLE (1890-1970), IST FOLGENDER AUSSPRUCH ÜBERLIEFERT: »ES HAT MICH NIE GESTÖRT, DASS MAN MICH MANCHMAL MIT EINEM SPARGEL VERGLICHEN HAT, DENN AM SPARGEL IST DER KOPF DAS WICHTIGSTE.«

Spargelsuppe »Ludwigs Liebe« – FÜR 4 PERSONEN

20 STANGEN GRÜNER SPARGEL | ¾ L GEFLÜGELBRÜHE | 4 DÜNNE SCHEIBEN GERÄUCHERTER SCHIN-KEN | 2 SCHALOTTEN | 150 G BUTTER | 150 G MEHL | 300 ML SAHNE | 3 EIGELB | SALZ, FRISCH GEMAH-LENER PFEFFER, MUSKAT | 1 BUND PETERSILIE

Spargel in etwa 3 Zentimeter lange Stücke schneiden und im Geflügelfond etwa 10 Minuten bissfest kochen. // Währenddessen Schinkenscheiben bei mittlerer Hitze in einer Pfanne lang-sam kross werden und dann auf einem Küchentuch auskühlen lassen. Gekochten Spargel mit etwas Fond auf die Seite stellen. // Schalotten schälen, würfeln und in 80 Gramm Butter an-schwitzen, das Mehl hinzufügen und unter Rühren mit dem restlichen Geflügelfond 10 Minuten leicht köcheln lassen. Dann von der Platte nehmen. // Sahne mit Eigelb verrühren und mit der restlichen Butter unter den Geflügelfond rühren. // Die Spargelstücke separat erwärmen und dann zur Suppe hinzufügen. // Nach Geschmack mit Salz, Pfeffer und Muskat würzen und mit Schinkenchips servieren. Klein geschnittene Petersilie separat dazu reichen. //

Knusperspargel – FÜR 4 PERSONEN

2 EL BUTTER | 2 KG WEISSER SPARGEL | 400 G JOGHURT | 2 EL HASELNUSSÖL | 4 EL MAYONNAISE | SALZ, PFEFFER | 4 EIER | 400 G SEMMELBRÖSEL | 8 EL GEMAHLENE HASELNÜSSE | 200 G DINKELMEHL | 200 ML RAPSÖL

4 Liter Wasser mit 2 Esslöffeln Butter und etwas Salz zum Kochen bringen. Spargel schälen, holzige Enden abschneiden. Bei kleiner Flamme in siedendem Wasser für ca. 20 Minuten (je nach Dicke der Stangen) bissfest kochen. // Währenddessen Joghurt mit Nussöl und Mayonnaise verrühren. Salzen und pfeffern. // Eier in einem tiefen Teller verquirlen. Auf einem zweiten Teller Semmelbrösel und Haselnüsse mischen. Einen dritten Teller mit Mehl bereitstellen. // Öl in einer Pfanne erhitzen. Spargel in Mehl wenden, durch die Eier ziehen, in den Bröseln wälzen und goldbraun braten. Mit der Joghurtsoße als Dip servieren. //

Schwarzwurzel-Pasteten – FÜR 4 PERSONEN

500 G FRISCHE SCHWARZWURZELN | 3 EL ESSIG | SALZ | 500 G MÖHREN | 1 BUND LAUCHZWIEBELN | 200 G TIEFKÜHLERBSEN | 1 EL SENF | 50 ML SAHNE | 2 EIGELB | 100 ML WEISSWEIN | 1 KNOBLAUCH-ZEHE | 75 G EMMENTALER, GERIEBEN | PFEFFER, FRISCH GEMAHLEN | 12 FERTIGE BLÄTTERTEIG-PASTETEN

Die Schwarzwurzeln schälen, in etwa 2 Zentimeter lange Stücke schneiden und in Essigwasser mit Salz ca. 15 Minuten kochen. Möhren schälen, in dünne Scheiben schneiden und in wenig Salzwasser ca. 10 Minuten dünsten. Lauchzwiebeln und Erbsen 10 Minuten mitdünsten. // Senf, Sahne, Eigelbe und Wein über dem heißen Wasserbad schaumig schlagen. Knoblauch sehr fein hacken und mit dem Käse unterrühren. Mit Salz und Pfeffer abschmecken. Gemüse abtropfen lassen und hinzufügen. // In die Pasteten füllen. Im Backofen bei 180 °C ca. 10–15 Minuten goldbraun gratinieren. //

Spargel im Kräutercrêpemantel – FÜR 4 PERSONEN

1 KG SPARGEL | 1 EL BUTTER | SALZ, ZUCKER | FÜR DIE CRÊPES: 1 MITTELGROSSES EI | 1 PR SALZ | 1 TL ZUCKER | 250 ML MILCH | 100 G MEHL | 30 G ZERLASSENE BUTTER | ½ BUND SCHNITTLAUCH | ½ BUND PETERSILIE | 1 KÄSTCHEN KRESSE | 100 G CRÈME FRAÎCHE | PFEFFER

Spargel großzügig von oben nach unten schälen. Verholzte Enden entfernen. Den Spargel in 2 Litern Wasser mit Butter, Salz und Zucker nach Geschmack ca. 20 Minuten (je nach Größe) bissfest kochen, abtropfen lassen und warm stellen. // Das Ei mit Salz und Zucker schaumig rühren, abwechselnd Milch und Mehl hinzufügen. Die Butter auslassen und unterrühren. Zuletzt die fein gewiegten Kräuter unterheben. Etwas für die Dekoration beiseitestellen. // In einer beschichteten Pfanne ohne Fett etwa sechs bis acht Crêpes backen. Die Crêpes mit Crème fraîche bestreichen, mit frisch gemahlenem Pfeffer bestreute Spargelstangen darin einwickeln und kurz vor dem Servieren mit den restlichen Kräutern bestreuen. //

VON KOPFKULTUR UND WILDEN ZEITEN

Weißkohl, Wirsing, Witwe Bolte

Er liebt das Meer, klettert an den Klippen der europäischen Mittelmeer- und Atlantikküsten in die unwegsamsten Nischen und lässt sich dort, unerreichbar für Mensch und Tier, den salzigen Wind um die Nase wehen. Auch auf den roten Sandsteinfelsen Helgolands sieht man seine rapsgelben Blüten leuchten. Kaum zu glauben, doch die Rede ist vom Kohl. Der Deutschen bürgerlichstes Gemüse, Sinnbild für hartnäckige Essensdüfte in ungelüfteten Dreizimmerwohnungen, für aufgewärmten Eintopf und langweilige Sättigungsbeilagen, war einst ein ganz Wilder.

Die Griechen haben den Vorfahren unserer braven Kohlköpfe noch in der Natur gesammelt und bereits im dritten vorchristlichen Jahrhundert in verschiedenen Varianten mit glatten und krausen Blättern kultiviert. Aus den Schweißtropfen des griechischen Göttervaters Zeus soll er entstanden sein, als dieser wegen eines kniffligen Orakels ins Schwitzen kam. Bei den Römern stand der Kohl in dem Ruf, gegen Trunkenheit zu schützen. »Wer auf einem Gastmahl viel essen und trinken will, soll vorher rohen Kohl mit Essig essen, dann kann er zechen, soviel er will«, schrieb Cato der Ältere im 3. Jahrhundert v. Chr. Sein Landsmann Plinius, der zur Zeit von Christi Geburt lebte, war der festen Überzeugung, dass man bei ausreichendem Kohlkonsum überhaupt keine Ärzte nötig hätte.

Zumindest auf einen »Personal Trainer« kann man noch heute verzichten. Wer ab und zu ein Diätbuch in die Hand nimmt, weiß, dass Kohlsuppe nicht nur – frei nach Naturheilkundler Maurice Mességué – Tote zum Leben erweckt, sondern auch die Pfunde zum Purzeln bringt. Denn auch, wenn er unser Innenleben mitunter in eine gewisse Unruhe versetzt, seine wohltuenden Eigenschaften überwiegen bei Weitem. Dass Kohlsaft bei Magen- und Darmproblemen hilfreich sein soll und Kohlblätter in der Naturheilkunde in Form von Wickeln und Umschlägen bei Entzündungen, Haut-, Gelenk- und Frauenleiden eingesetzt werden, machte ihn lange Zeit zur »Apotheke der Armen«.

Tatsächlich enthält das oft verschmähte Gemüse jede Menge wertvoller Inhaltsstoffe – allen voran soviel Vitamin C, dass er durchaus mit so mancher Zitrusfrucht mithalten kann. Das machten sich im 18. Jahrhundert auch große Seefahrer wie der Engländer James Cook zunutze.

Um auf seinen jahrelangen Entdeckerfahrten seine Mannschaft nicht durch die Vitaminmangel-krankheit Skorbut zu verlieren, zwang er sie zu regelmäßigen Sauerkrautmahlzeiten – zur Not auch mit Hilfe öffentlicher Auspeitschungen. Die Maßnahmen hatten Erfolg – keiner seiner Männer erkrankte an Skorbut. Später sorgten dann Zitronensaft und -sirup aus den englischen Kolonien für die nötige Vitamin C-Zufuhr – und brachten den Engländern den Spitznamen »Limey« ein.

Die Deutschen dagegen mussten nicht zum Genuss ihrer Kohlköpfe gezwungen werden. Die heute bekannten Blattkohlarten, das glattblättrige Rot- oder Weißkraut, der krause Wirsing und der hochstämmige Grünkohl samt ihren zahlreichen Verwandten, fanden sich in beachtlicher Vielfalt in den Kräuterbüchern des 16. Jahrhunderts und auf den Speisezetteln des späteren Bürgertums.

Sauer macht lustig – und hält gesund. Anders als bei den Römern, die die Blätter in Essig ein-gelegt hatten, setzte man nördlich der Alpen seit dem Mittelalter auf das Einstampfen und die Milchsäurevergärung von fein geschnittenen Weißkrautstreifen. Wer ein Sauerkrautfass im Keller hatte, kam nicht nur übers Meer, sondern auch gut durch den Winter.

Die Felder mit den wachstumsfreudigen, vor Vitalität strotzenden Kohlköpfen machten mancherorts sogar dem Klapperstorch Konkurrenz: In französischsprachigen Ländern wurden die Babys auch schon mal aus dem Kohlbeet geholt, statt mit Meister Adebar auf dem Luftweg anzureisen. In Frankreich hat sich deshalb bis heute der Kosename »mon petit chou« – »mein kleines Kohlköpfchen« – erhalten. Auch der Siegeszug der »Cabbage Patch Kids« genannten weichen Stoffpüppchen mit den zerknautschten Kohlkopf-Gesichtern in den 1980er-Jahren ist darauf zurückzuführen. Neuerdings sind sie wieder in Mode gekommen, genau wie ihre essbaren Vorbilder.

Starköche wie Alfons Schuhbeck zaubern aus Wirsing und Co. keine miefige Einheitsküche, sondern ausgefallene Kreationen, die auch bei Staatsbanketten Etikette und nationale Identität wahren. Wie heißt es doch so schön: Wir sind »Krauts« – und das ist gut so.

Früher wurde Kohl der »Arzt der armen Leute« genannt. In Zeiten, in denen die tägliche Verfügbarkeit von Milch oder Zitrusfrüchten nicht selbstverständlich war, sorgte er mit seinen reichlichen Ballaststoffen nicht nur für einen vollen Magen, sondern im Winter auch für Vitamin C, Calcium und vieles mehr. Gerade Weiß- und Rotkohl lassen sich gut im kühlen Keller lagern und beugten früher so in der obst- und gemüsearmen Zeit dem Vitaminmangel vor. Vitamine hat der Kohl reichlich zu bieten: Neben Vitamin C enthält er auch die Vitamine A, B1, B2, B6, Niacin und Vitamin E. Kalium, Eisen und Magnesium sowie zahlreiche sekundäre Pflanzenstoffe, deren Konzentration je nach Sorte variiert, machen den Kohl zu einem der gesündesten Gemüse. Auch äußerlich lässt er sich anwenden. Die gewalkten Kohlblätter, wie ein Verband um die betroffenen Glieder gelegt, gelten als altes Heilmittel gegen Gelenkschmerzen und wurden in der Volksmedizin auch bei Geschwüren, Schnitt- und Brandwunden eingesetzt.

EBEN GEHT MIT EINEM TELLER
WITWE BOLTE IN DEN KELLER,
DASS SIE VON DEM SAUERKOHLE
EINE PORTION SICH HOLE,
WOFÜR SIE BESONDERS SCHWÄRMT,
WENN ER WIEDER AUFGEWÄRMT.
Wilhelm Busch, »Max und Moritz«, 1865

Elsässer Sauerkrautsuppe – FÜR 4 PERSONEN

150 G ZWIEBELN | 1 EL BUTTER | 1 TL PAPRIKAPULVER | 1 L KLARE GEMÜSEBRÜHE | 300 G SAUER-
KRAUT | ½ TL GEMAHLENER KÜMMEL | 2 LORBEERBLÄTTER | 8 WACHOLDERBEEREN | 250 G KARTOF-
FELN | 150 ML SAHNE | 3 EL HONIG | 3 EL APFELSAFT | 4 SCHEIBEN HOLZOFENBROT | 8 EL ÖL | SALZ

Zwiebeln hacken und in der Butter dünsten. Paprikapulver und Gemüsebrühe zugeben. Aufkochen. // 200 g Sauerkraut ausdrücken, klein schneiden und zur Brühe geben. Kümmel, Lorbeer-
blätter und Wacholderbeeren zufügen. Bei mittlerer Hitze etwa 20 Minuten kochen. Kartoffeln
schälen, würfeln und gar kochen. Restliches Sauerkraut und Kartoffeln 5 Minuten in der Suppe
mit erhitzen. // Suppe auf Teller verteilen. Sahne schlagen und in die Mitte setzen. Honig mit
Apfelsaft verrühren und über die Sahne träufeln. // Pro Brotscheibe 2 Esslöffel Öl in der Pfanne
erhitzen, Brot darin leicht anrösten und mit Salz bestreuen. Zur Suppe servieren. //

Feldsalat mit Rotkrautdressing – FÜR 4 PERSONEN

200 G ROTKRAUT | ½ APFEL | ½ TASSE ROTWEIN | 1 EL APFELDICKSAFT | 2 EL BALSAMICO-ESSIG | SALZ, PFEFFER | 1 TL ZUCKER | 50 ML WALNUSSÖL | 4 HÜHNERBRÜSTE | ETWAS PAPRIKAPULVER | 1 ORANGE | 300 G FELDSALAT | 100 G WALNUSSKERNE

Das Rotkraut in feine Streifen und den Apfel in Würfel schneiden, mit Wein, Apfeldicksaft und Balsamico-Essig in eine Schüssel geben, mit Salz, Pfeffer und Zucker würzen und gut umrühren. Über Nacht abgedeckt stehen lassen. // Am nächsten Tag das Kraut in etwa 30 Minuten weich kochen. Zusammen mit dem Öl in einen Mixer geben und pürieren. Nochmals mit Salz und Pfeffer abschmecken. // Hühnerbrüste mit Salz, Pfeffer und Paprika würzen, in heißem Öl von beiden Seiten scharf anbraten und dann bei niedriger Hitze gar ziehen lassen. // Orange schälen und filettieren. // Zwei Drittel des Dressings auf 4 Teller geben, den gewaschenen Feldsalat und die Orangenfilets darauf anrichten und mit der restlichen Salatsauce beträufeln. Walnüsse grob hacken und in einer Pfanne ohne Fett leicht anrösten, dann über den Salat streuen. Hähnchenbrust in Streifen schneiden und darauf anrichten. //

Wirsingrouladen mit Austernpilzen – FÜR 4 PERSONEN

1 KOPF WIRSING | 200 G AUSTERNPILZE | 1 ZWIEBEL | 3 EL DISTELÖL | 2 KNOBLAUCHZEHEN | 2 EL KRÄUTER DER PROVENCE | 1 EI | 300 G RINDERHACK | SALZ, PFEFFER | 500 ML GEMÜSEBRÜHE | 100 G SAHNE | 2 EL STÄRKEMEHL | ZUCKER

Den Wirsing putzen und in Salzwasser etwa 10 Minuten kochen lassen. Dann kalt abschrecken. Pilze putzen und klein schneiden, Zwiebel fein würfeln und beides in 1 Esslöffel Öl anbraten. // Zerdrückte Knoblauchzehen und Kräuter der Provence zugeben. Alles mit Ei und Hackfleisch zu einem Fleischteig verkneten und kräftig mit Salz und Pfeffer würzen. // 12 Blätter vom Wirsing ablösen und zum Einrollen beiseite legen. Den restlichen Wirsing klein schneiden und mit dem Fleisch mischen. Je 3 Blätter zusammenlegen, die Fleischmasse darauf verteilen und einrollen. Mit Rouladen- oder Holzspießen fixieren. // Die Wirsingrouladen in einer Pfanne im restlichen Öl anbraten. Dann die Brühe dazu gießen und 30 Minuten bei geschlossenem Deckel auf kleiner Flamme garen. Sahne mit Stärkemehl verrühren und die Brühe damit binden, mit Salz und Pfeffer abschmecken. Mit Salzkartoffeln servieren. //

Knusperkohl

1 KLEINER WEISSKOHL | 100 G TOMATENMARK | 2 EL CRÈME FRAÎCHE | ½ TOPF BASILIKUM | SALZ, PFEFFER | 50 G MEHL | 2 EIER | 50 G SEMMELBRÖSEL | 1 EL KRÄUTER DER PROVENCE | FRITTIERFETT JE NACH FRITTEUSENGRÖSSE

Weißkohl putzen und in Salzwasser 15 Minuten im Ganzen kochen, dann abkühlen lassen. In dieser Zeit Tomatenmark mit Crème fraîche verrühren, Basilikum fein wiegen und untermischen, mit Salz und Pfeffer abschmecken. // Kohlkopf achteln und die Stücke mit der Tomatenmischung bestreichen. // Je einen tiefen Teller mit Mehl, verquirlten Eiern und einer Mischung aus Semmelbröseln und Kräutern der Provence füllen. Jedes Weißkohlstück zuerst in Mehl, dann in Ei wälzen und zuletzt mit den Semmelbröseln panieren. // Die Stücke bei etwa 170 °C frittieren, bis sie goldbraun sind. // Tipp: Mit Tomatensalat servieren. //

BLÜTEN, STÄNGEL, MUTATIONEN

»Kopflose« Kohlsorten

Was haben ein Rehpinscher und ein Rosenkohlröschen gemeinsam? Sie gehören beide zu Familien, die durch Jahrtausende währende Züchtung die unterschiedlichsten Mitglieder hervorgebracht haben. Wer Dackel und Dänische Dogge nebeneinander betrachtet, wird zunächst berechtigte Zweifel an ihrer familiären Zusammengehörigkeit anmelden. Und doch haben sie im Wolf einen gemeinsamen Vorfahren. Ähnlich verhält es sich mit den pflaumengroßen Röschen des Rosenkohls, die, ebenso wie der dreieinhalb Meter hohe Riesenkohl der Insel Jersey, auf einen wilden Urahn zurückzuführen sind. Die Röschen wandern in den Kochtopf, aus den Stängeln des Riesenkohls schnitzt man Spazierstöcke – und wir beginnen allmählich zu ahnen, was Ethnobotaniker Wolf-Dieter Storl dazu bewegt, den Kohl als »Hund unter den Gemüsen« zu bezeichnen.

Denn mit den üblichen Rund-, Spitz- und Krausköpfen ist es noch lange nicht getan. Die schön anzusehenden Blütenkohle wie Blumenkohl und Romanesco, die sich zwischen dem 16. und 18. Jahrhundert bei uns etablierten, sind eine optische Bereicherung für jede Tafel. Das Auge isst mit. Und sogar dem Geist erschließt sich, wenn er denn willig ist, beim Sonntagsbraten mit Blumenkohl neben dem ästhetischen auch noch ein ganzes mathematisches Universum. »Selbstähnlichkeit« ist das Stichwort – das ist in diesem Fall die »Eigenschaft von Körpern, bei Vergrößerung dieselben oder ähnliche Strukturen aufzuweisen wie im Anfangszustand.« Alles klar: Jedes noch so kleine Teilchen des Blumenkohls sieht aus wie ein großer Blumenkohl. Die Sache ist aus vielerlei Gründen bedenkenswert und darum Forschungsgegenstand der »Fraktalen Geometrie«.

Was für uns beim Essen zählt, ist der milde Geschmack der dicht an dicht sitzenden unentwickelten Blütenknospen. Dass sich Blumenkohl und Co. überdies auch noch beim Servieren äußerst dekorativ anrichten lassen, erschließt sich erst dann in seiner vollen Dimension, wenn wir einmal einen lila Blumenkohl aus Sizilien zu Gesicht bekommen haben. Wie eine exzentrische Pop-Art-Fantasie thront er auf der Platte, und niemand würde erwarten, dass er seine Farbe, als Ergebnis solider Zucht, schon seit dreihundert Jahren so trägt. Auch vom Romanesco mit seiner spitz zulaufenden Blüten-Anordnung gibt es lila Varietäten, bei uns fällt er allerdings meist durch seine apfelgrüne Färbung auf.

Der Brokkoli, dritter Blütenkohl im Bunde, kommt in bescheidenem Dunkelgrün daher, ist aber der einzige, bei dem die Blütenknospen deutlich weiter entwickelt und darum klar erkennbar sind. Er wird mitsamt seinen kräftigen Stielen gegessen und schmeckt leicht nach Spargel. Das ursprünglich in Italien bekannte Gemüse trat mit Katharina von Medici im 16. Jahrhundert die Reise an den französischen Königshof an und wurde dann als »Italienischer Spargel« in England bekannt. Im 18. Jahrhundert machte der Brokkoli sich, auf Veranlassung des damaligen amerikanischen Präsidenten Thomas Jefferson, auf den Weg nach Übersee, um seine Qualitäten in den Versuchsanlagen des begeisterten Gärtners unter Beweis zu stellen. In Deutschland etablierte er sich erst in den 70er-Jahren des letzten Jahrhunderts so richtig in den Gemüseregalen, weshalb man den Brokkoli meistens für eine relativ junge Züchtung hält. Diese Ehre gebührt allerdings dem Rosenkohl, der zwar wie eine Blume heißt, aber trotzdem nicht zum Blütenkohl zählt. Unter der Bezeichnung »Brüsseler Kohl« erschien er erstmals 1587 in Belgien und verbreitete sich zu Beginn des 19. Jahrhunderts in ganz Europa. Vermutlich entstand er durch Mutation eines hochstämmigen Sprossenkohls, da die Röschen direkt aus dem etwa 70 Zentimeter langen Stängel

Brassica cauliflora Chou fleur

wachsen. An seinem intensiven Geschmack mit der leichten Bitternote scheiden sich die Geister. Der knackige Kohlrabi dagegen bietet Wohlgeschmack pur, lässt sich füllen, überbacken, in Scheiben und Stiften dünsten oder ganz einfach in den Salat raspeln. Was wie eine hellgrüne oder blaue Knolle aussieht, ist eigentlich der verdickte Stängel der Pflanze. Der süßlich nussige Geschmack des Kohlrabi kommt besonders den deutschen Gaumen entgegen, denn Deutschland hält in punkto Verbrauch die europäische Spitze. Weniger bekannt ist, dass die Blätter des Kohlrabi etwa doppelt so viele gesunde Inhaltsstoffe bergen wie die Knolle – es lohnt sich also immer, sie mit zuzubereiten.

Brokkoli und Rosenkohl halten gemeinsam mit dem Grünkohl die Spitze, wenn es um Vitamine, Nährstoffe und Mineralien geht. Vitamin C, Vitamin K und Folsäure sind auch bei den Blütenkohlsorten gut vertreten, reichlich Kalium sorgt für die Funktionsfähigkeit von Nerven und Muskeln. Allen Kohlsorten gemeinsam sind die Glukosinulate: Die schwefelhaltigen Moleküle wirken wie ein natürliches Antibiotikum und stärken das körpereigene Immunsystem. Je mehr Farbe, desto besser: Die Inhaltsstoffe des bleichen Blumenkohls, dessen Hüllblätter ihn an der Bildung von Chlorophyll hindern, schneiden im Vergleich zum knackig grünen Brokkoli oder Romanesco etwas schlechter ab. Kohlrabi enthält neben Vitamin C auch Vitamin A und K sowie Niacin, Biotin und Folsäure. Die Mineralstoffe Magnesium, Calcium und das lebenswichtige Spurenelement Selen sind ebenfalls in der knackigen Knolle enthalten.

IM SOMMER 2009 GING ES DURCH DIE PRESSE: DER KAPITÄN EINES BRITISCHEN KRIEGSSCHIFFES FÜRCHTET NUR EINES NOCH MEHR ALS DEN FEIND - UND DAS IST ROSENKOHL. DARUM HAT ER DIE ZUBEREITUNG DES WINTERGEMÜSES FÜR DIE 390 MANN STARKE BESATZUNG SEINES SCHIFFES RIGOROS VERBOTEN. KOHL ODER NICHT KOHL - DAS IST KEINE FRAGE DER SKORBUT-VORBEUGUNG MEHR, SONDERN DES PERSÖNLICHEN GESCHMACKS. »ROSENKOHL IST TEUFELSGEMÜSE UND DAS EINZIGE, WAS ICH NICHT MAG UND WAS ICH WIRKLICH HASSE«, WURDE DER KAPITÄN ZITIERT. WIE SICH DIE ZEITEN ÄNDERN - CAPTAIN JAMES COOK, DER VIEL AUF GESUNDE ERNÄHRUNG AN BORD HIELT, HÄTTE IN DIESEM FALL NOCH DIE »NEUNSCHWÄNZIGE KATZE« AUS DEM SACK GELASSEN.

Rosenkohl nach alter Art – FÜR 4 PERSONEN
1200 G ROSENKOHL | 300 ML FLEISCHBRÜHE | 200 G GERÄUCHERTER BAUCHSPECK | 50 G BUTTER |
3 EL MEHL | SALZ, MUSKAT

Rosenkohl waschen, welke Blätter entfernen und am Stiel kreuzweise einschneiden. In kochender Fleischbrühe 10–15 Minuten gar kochen, mit einem Schaumlöffel aus der Brühe heben und auf die Seite stellen. // Gewürfelten Bauchspeck in einer Pfanne auslassen, dann alles über die Röschen schütten. // Butter in derselben Pfanne zerlassen, Mehl darin anschwitzen und mit der Hälfte der Brühe ablöschen. Nach und nach soviel Flüssigkeit hinzufügen, dass eine sämige Soße entsteht. Nach Geschmack mit Salz und Muskat abschmecken. Mit Salzkartoffeln servieren. //

Blumenkohlcurry – FÜR 4 PERSONEN
1 ZWIEBEL | 1 APFEL | 1 BUND FRÜHLINGSZWIEBELN | 2 MÖHREN | 3 EL SESAMÖL | 300 ML HÜHNER-
BRÜHE | 2 EL CURRY | 1 BLUMENKOHL | 1 TASSE ERBSEN | 1 TL SOJASAUCE | ½ TASSE GEHACKTE
PETERSILIE

Zwiebel und Apfel in kleine Würfel, Frühlingszwiebeln und Möhren in dünne Scheiben schnei-den. // Zwiebel mit dem Sesamöl in einer Pfanne anbraten, Apfel, Frühlingszwiebeln, Möhren und Brühe hinzufügen und mit Curry würzen. // Blumenkohl in kleine Röschen teilen und mit den Erbsen in die Pfanne geben. Alles 6–10 Minuten dünsten lassen. // Mit der Sojasauce und noch-mals mit Curry abschmecken und vor dem Servieren mit gehackter frischer Petersilie bestreuen. //

Kohlrabi in Basilikum-Sahnesoße – FÜR 4 PERSONEN
4 KOHLRABI | 400 ML HÜHNERBRÜHE | 1 ZWIEBEL | 150 G GERÄUCHERTE HÜHNERBRUST |
2 EL BUTTER | 4 KNOBLAUCHZEHEN | 1 EL MEHL | 200 G SAHNE | 1 TOPF BASILIKUM | BUTTER
FÜR DIE FORM | SALZ, PFEFFER | 150 G GOUDA

Kohlrabi schälen, halbieren und in Scheiben schneiden. In der Hühnerbrühe 10–15 Minuten kö-cheln lassen, dann herausnehmen. // Zwiebel und Hühnerbrust würfeln und in 1 Esslöffel Butter andünsten, gepressten Knoblauch hinzufügen. Mehl darüberstäuben und anschwitzen. Nach und nach Sahne und die Hälfte der Hühnerbrühe hinzufügen. Etwa ⅔ der Basilikumblätter und die inneren, zarten Kohlrabiblätter fein hacken und unterrühren. // Kohlrabischeiben abwechselnd mit den restlichen Basilikumblättern in eine gebutterte Auflaufform schichten, mit Salz und Pfeffer abschmecken und mit der Soße übergießen. Gouda reiben und darüberstreuen. Bei etwa 180 °C 20 Minuten überbacken. Mit Reis servieren. //

Mallorquinische Gemüse-Brot-Suppe

1 PAPRIKASCHOTE | 1 LAUCHSTANGE | 1 ZWIEBEL | 1 TOMATE | 1 KNOBLAUCHKNOLLE | 3-5 EL OLIVENÖL |
1 KLEINER KOPF WIRSINGKRAUT | 125 G GRÜNE BOHNEN | 1 L GEMÜSEBRÜHE | SALZ, PFEFFER,
PAPRIKAPULVER | 1 BUND PETERSILIE | ½ BLUMENKOHL | 125 G ZUCKERERBSEN | ETWAS MANGOLD
ODER SPINAT, JE NACH JAHRESZEIT | WEIZENVOLLKORNBROT VOM VORTAG, DÜNN GESCHNITTEN

Paprika, Lauch, Zwiebel, geschälte Tomate und gestoßene Knoblauchzehen klein schneiden und
in Olivenöl anbraten. Den in Scheibchen geschnittenen Wirsing und die Bohnen zufügen, mit
Brühe angießen und mit Salz, Pfeffer, Paprika und Petersilie würzen, 15 Minuten köcheln lassen.
Anschließend den zerteilten Blumenkohl, die Erbsen und den Mangold zufügen. Das Gemüse
etwa 10 Minuten bei kleiner Flamme köcheln, bis es bissfest ist. // Brotscheiben in eine Schüssel
legen und die Suppe darübergießen. Dabei sollte das Brot die gesamte Flüssigkeit aufsaugen. Im
Ofen 10 Minuten bei 175 °C ziehen lassen. Mit Salz und Olivenöl abschmecken. //

DIE LIEBLINGE DER FRAUEN

Lattich, Chicorée, Rucola und anderes »Grünzeug«

Es ist eine der großen ungelösten Fragen im Geschlechterkonflikt: Warum wollen Frauen immerzu Salat essen? Rohe grüne Blätter, bisweilen mit Schinkenstreifchen, ein paar Shrimps oder einem Häuflein Thunfisch aufgepeppt – auch der modernen Wissenschaft ist die weibliche Vorliebe ein Rätsel. Zumal doch Salat beileibe nicht vitaminreicher ist als anderes Gemüse. Nicht lange her, da galt der Lattich noch als Inbegriff der gesunden Nahrung: grün, knackig, unverfälschte Natur. Schließlich konnten so viele Schnecken und Läuse nicht irren. Also wurden die mühevoll gesäuberten Blätter als Alibi-Vitaminspender dem Hamburger eingeschoben, dem T-Bone-Steak unterdrapiert oder als ebenso kalorienarme wie vitalstofffreie Dauerkost für Abnehmwillige zum Vollkorn-Knäckebrot gereicht. Doch nun, seit gut einem Jahrzehnt, erleben wir die Wende. Insbesondere vor Treibhausware wird gewarnt, die uns das ganze Jahr über, zwar etwas lappig, dafür aber schnecken- und läusefrei, aus dem Supermarktregal anlacht. Vielfalt buhlt um die Gunst der Einkäuferinnen: der bissige Eisberg-, der gefiederte Frisée-, der ringelrandige Eichblattsalat – alles attraktive Varianten des alten Kopfsalats, auch Lattich genannt. Damit nicht genug, auch einige nicht verwandte Doppelgänger haben sich dazu gesellt, darunter so alte und fast vergessene Sorten wie Feldsalat und Rucola oder Neuzüchtungen wie Radicchio und Chicorée. So oder so – die Ernährungswissenschaft hält vor allem ihren hohen Nitratgehalt für öffentlich erwähnenswert, denn Nitrat kann sich zu giftigem Nitrit verwandeln. Von den oft entdeckten Pestizidrückständen ganz zu schweigen.

Böse Zungen behaupten auch, Salate seien weitaus kalorienträchtiger als andere, wenn man die kulinarisch zwingenden Vinaigrettes und Dressings in die Überlegung miteinbezieht. Das mag sein! Einer Modelfigur zuliebe aber auf beides verzichten? Sollte man keinesfalls, wenn es nach den Empfehlungen von Hildegard von Bingen, Ernährungspäpstin des Mittelalters geht. Denn wenn man Lattiche »ohne Würze isst, verursachen sie Gehirnleere und Magenkrankheiten«, warnte die Äbtissin, verriet aber gleich auch den Trick, sie mit Essig und anderen Zutaten zu »beizen«, wie sie sich ausdrückte. »So gegessen, stärken sie das Gehirn und sorgen für eine gute Verdauung.« Obwohl sich inzwischen die Mär von der Vitaminbombe Salat als solche erwiesen und herumgesprochen hat, scheinen die meisten Frauen nicht von steten und üppigen Portionen lassen zu wollen. Uralte Berichte zeigen aber auch: Die weibliche Vorliebe für den Lattich hat Tradition. Im Alten China, ebenso in Ägypten huldigten ihm Frauen als einem Unterpfand der Fruchtbarkeit. Aphrodite, die griechische Liebesgöttin, soll der Sage nach den Leichnam ihres Geliebten Adonis auf ein Lattichfeld gebettet haben. Und Hildegard von Bingen war nicht die einzige Klosterfrau des Mittelalters, die vom »gebeizten« Lattich angetan war. Auch in den Gärten anderer Nonnenklöster spross der Salat beeteweise.

Soziobiologen wittern eine durch Genetik tradierte Verhaltensdisposition und haben eine, zugegebenermaßen kühne, Theorie entwickelt. Demnach haben unsere weiblichen Vorfahren, die steinzeitlichen Sammlerinnen, die – ihr dürftiges Schuhwerk verschleißend – über Stock und Stein huschten, früh gelernt, nach jungem frischen Grün Ausschau zu halten. Denn in diesem Zustand schmeckte es sogar den Kindern, die mit der Verdauung des fetten Mammutfleisches, das die Männer von der Jagd mit heimbrachten, mitunter überfordert waren. Das urzeitliche Grünzeug – samt anhaftender Schnecken und Läuse – aber war eine durchaus gute Kost, die weit mehr Vitamine, Mineralstoffe und sekundäre Pflanzenstoffe (unter anderem das Lactucopikrin) zu bieten hatte als die modernen Züchtungen. Ergo sollen Frauen im Laufe von vielen Jahrtausenden jene Gene entwickelt haben, die ihnen bis heute – neben ihrer unentwegten Nachfrage nach neuem Schuhwerk – auch ein Faible für zarte grüne Blätter einpflanzen.

Grüner Salat gilt als Vitaminspender par excellence. Doch das ist ein Irrtum. Man könne gerade so gut ein Papiertaschentuch essen und ein Glas Wasser dazu trinken, ulkte das Enfant terrible der modernen Ernährungsforschung Udo Pollmer in der Boulevardpresse. Und das Gros seiner Kollegen widerspricht ihm zumindest nicht vehement. Denn die modernen Züchtungen haben – Gewichtsproportionen eingedenk – eher etwas weniger Vitamine und Mineralstoffe als viele andere Gemüse. Immerhin viel Vitamin A bringen klassische Sorten wie der Kopfsalat mit, sofern man die äußeren grünen Blätter mitverwendet. Und manches als Salat verwendete Kraut, zum Beispiel der Feldsalat, überzeugt mit einem ordentlichen Vitamin B6-Gehalt. Wegwartenabkömmlinge wie die Endivie brillieren mit viel Vitamin B1. Was die meisten Nährwerttabellen außer Acht lassen, sind zwei wertvolle Bitterstoffe, das Lactucopikrin und das Lactucin. Sie sind in fast allen Salatvarianten enthalten, locken die Magensäfte, bringen die Bauchspeicheldrüse auf Trab und heizen unerwünschten Bakterien ein. Dass sie in isolierter Form schlank machen, wie manche Diätmittelhersteller versprechen, ist eher unwahrscheinlich. In früheren Jahrhunderten jedenfalls wurden Lattich- und Wegwartentinkturen eher zur Appetitanregung verabreicht.

FÜNF KÖPFE BRINGEN EINEN GUTEN SALAT ZUSTANDE:
EIN GEIZHALS, DER DEN ESSIG TRÄUFELT,
EIN VERSCHWENDER, DER DAS ÖL GIBT,
EIN WEISER, DER DIE KRÄUTER SAMMELT,
EIN NARR, DER SIE DURCHEINANDER RÜTTELT,
EIN KÜNSTLER, DER DEN SALAT SERVIERT.

Jean Anthèlme Brillat-Savarin, 1755–1826

Lattich mit Gänseblümchen — FÜR 4 PERSONEN

500 G KOPFSALAT (AUCH FRISÉE ODER EICHBLATT) | 1-2 HANDVOLL GÄNSEBLUMENBLÜTEN (ERSATZWEISE KLEIN GESCHNITTENER RADICCHIO) | 2 EL WEISSWEINESSIG | 2 KNOBLAUCHZEHEN | 1 EL HONIG | 1 EL DIJONSENF | SALZ, PFEFFER | 6 EL SONNENBLUMENÖL | 2 EL WALNUSSÖL

Den Salat und die Gänseblumenblüten verlesen und gut waschen, Salat zerkleinern und alles gut abtropfen lassen. // Die Zutaten für die Vinaigrette – mit Ausnahme der Öle – in eine Schale geben und gut verrühren, bis sich das Salz gelöst hat. Dann das Öl zugeben und die Flüssigkeit mit einem Schneebesen schaumig schlagen. Die Vinaigrette über den Salat gießen, zügig mischen und sofort servieren. // Passt als Vorspeise oder als Beilage zu jedem Gericht. //

Grüner Salat mit Weintrauben – FÜR 4 PERSONEN

400 G EISBERG- ODER ROMASALAT | 100 G RUCOLA- ODER LÖWENZAHNBLÄTTER | 200 G WEIN-
TRAUBEN | 2 BECHER CREMIGER JOGHURT (3,5% FETT) | 5 EL MAYONNAISE | SAFT VON ½ ORANGE |
SALZ, KRÄUTERSALZ

Salat putzen, waschen und in mundgerechte Stücke reißen. Rucola oder Löwenzahnblätter
waschen und in ca. 4 Zentimeter lange Stücke schneiden. Weintrauben waschen und halbieren.
Alle Zutaten mischen. // Aus dem Joghurt, der Mayonnaise und den übrigen Zutaten ein Dres-
sing rühren und über den Salat geben, unterheben und 2–3 Minuten durchziehen lassen. // Dazu
passt kurzgebratenes oder gegrilltes Fleisch, zum Beispiel ein Steak oder ein Kotelett. Als Beilage
empfiehlt sich Weißbrot. //

Geschmorter Chicorée mit Gorgonzola – FÜR 4 PERSONEN

600 G CHICORÉE | 1 KLEINE ZWIEBEL | OLIVENÖL | SALZ, PFEFFER | 300 ML CRÈME FRAÎCHE | 100 G GORGONZOLA | 4 EL GEHACKTE PETERSILIE

Vom Chicorée die äußeren Blätter ablösen, den Rest halbieren und den inneren Kern herausschneiden. Zwiebel schälen und fein hacken. Eine beschichtete Pfanne mit dem Öl bepinseln, Chicoréehälften salzen, pfeffern und zusammen mit den Zwiebelwürfeln kurz anbraten, von jeder Seite ca. 3 Minuten lang bei geschlossenem Deckel und milder Hitze schmoren lassen. // Unterdessen Crème fraîche und Gorgonzola in einen kleinen Topf geben und solange erwärmen, bis der Käse geschmolzen ist. Die Käse-Sahne-Mischung über den Chicorée gießen. Mit den Zwiebelwürfeln und der Petersilie bestreuen. Dazu passen besonders gut Roast Beef und Langkorn-Reis. //

Bunter Salat mit Ziegenkäse – FÜR 4 PERSONEN

250 G ROTKOHL | 75 G FRISCHKÄSE | 3 EL WEISSER BALSAMICO | 2 EL SONNENBLUMENÖL | 400 G EISBERGSALAT | 50 G RUCOLA ODER LÖWENZAHNBLÄTTER | 250 G KIRSCHTOMATEN | 1 GROSSE BIRNE | 150 G ZIEGENKÄSE | 50 G WALNÜSSE (OHNE SCHALE) | 1 TL SALZ | PFEFFER

Vom Rotkohl den Strunk und die dicken Blattrippen entfernen, den Rest in feine Streifen schneiden. Frischkäse mit Balsamico und Sonnenblumenöl glattrühren, den Rotkohl hinzufügen und eine gute Viertelstunde darin durchziehen lassen. // Unterdessen Eisbergsalat putzen und verlesen, dabei den Strunk entfernen, die Blätter etwas zerkleinern. Rucola oder Löwenzahn ebenfalls waschen, besonders lange Blätter halbieren. Salat trocken schleudern. Kirschtomaten waschen und halbieren. // Die Birne schälen, vierteln, Stiel und Kerngehäuse entfernen, in mundgerechte Stücke schneiden. Ziegenkäse mundgerecht würfeln, Walnüsse klein hacken. // Alle Zutaten in einer großen Salatschüssel mischen, die Rotkohlmischung zugeben und alles nochmals kurz durchziehen lassen. // Dieser üppige Salat ist als Hauptgang gedacht. Dazu passt frisches Weißbrot. //

SPEZIELL FÜR HEINZEL-MÄNNCHEN UND EISERNE VETERANEN

Spinat, Mangold und Guter Heinrich

Kaum zu glauben, doch sie sind weitläufige Verwandte: der edle Spinat, der derbe Mangold, der sensible Gute Heinrich. Und tatsächlich, bei näherem Hinsehen entdeckt man Gemeinsamkeiten, zum Beispiel das tannenwalddunkle Grün, das immer wieder die Fantasie der Menschen erregt hat – in Sagen, in Comics und in der Ernährungswissenschaft. Aber auch küchentechnisch gibt es Parallelen. Man kann problemlos den einen gegen den anderen austauschen oder gleich alle drei in einen Topf werfen.

Sage keiner, Popeye sei schuld an der Qual vieler Generationen von Kleinkindern. Der Comic-Matrose mit seiner Vorliebe für Büchsenspinat gehorchte nur dem Zeitgeist des vorigen Jahrhunderts, speziell dem Zeitgeist seiner amerikanischen Heimat. Denn wenn an seinen spillerigen Oberärmchen nach Einwurf einer Extraportion Grünzeug die Bizepse anschwollen, dann motivierte er die ganze Nation, endlich einmal zu beweisen, was in ihr steckte. Zumindest, was in der Büchse steckte. Die Bösen zu vermöbeln, das Gute zu schützen, so etwas erfordert eiserne Kondition. Und das Eisen dazu versprach der Spinat aus Crystal City, einer texanischen Kleinstadt, wo bis heute 80 Prozent der amerikanischen Ernte wachsen. Dort hat man Popeye inzwischen allen Ernstes ein Denkmal gesetzt.

Die Muskeln sprechen zu lassen, haben indes nicht erst die Amerikaner erfunden. Und auch der folgenschwere Irrtum, wonach Spinat der wichtigste und zugleich billigste Eisenlieferant fürs Volk ist, stammt aus Europa. Ein Schweizer Wissenschaftler namens Gustav von Bunge hatte im Jahr 1890 die ersten Laboranalysen geliefert. Seine Tabellen maßen dem Spinat einen Eisengehalt von sage und schreibe 35 Milligramm pro 100 Gramm zu, also mehr als zehnmal so viel wie einem Steak. Tatsächlich liefert Spinat nur 3–3,5 Milligramm und befindet sich somit mit manch anderem Gemüse auf etwa gleichem Niveau. Ob nun, wie Historiker den Irrtum zu erklären versuchen, von Bunges Sekretärin das Komma um eine Stelle verrückt hat oder ob sein Assistent vergessen hat zu erwähnen, dass es sich um getrockneten Spinat handelte, oder ob der Professor selbst in

a. *Blitum poly =
spermon dictum.*
b. *Blitum, bonus Henricus. Stolzer Henrich.*
c. *Blitum, bonus
Henricus foliis
pictis, Bletto.
Guter Hein=
rich.*

der legendären Zerstreutheit seiner Profession falsch gemessen hat – die Wahrheit wird wohl nie
ganz ans Licht kommen.

Was Popeye für den Spinat, das war in Mittelalter und Früher Neuzeit der Heinzelmann für den
Guten Heinrich. Dem er übrigens seinen Namen verdankt, denn Heinrich oder Heinz hießen
landläufig alle Sorten von Kobolden. Und zumal selbige – wie die Überlieferung erzählt – Füße
wie Gänse aufwiesen, war der Beweis für eine Verbindung zu dem grünen Gänsefußgewächs
ganz offenkundig erbracht. Da indes nicht alle Kobolde freundlich und nicht alle Gänsefußge-
wächse essbar sind, stand das Adjektiv »gut« für die öffentliche Auslobung seiner Qualitäten,
nicht nur der kulinarischen. Denn der Saft des Guten Heinrich wurde als Hausmittel gegen
Entzündungen, Abszesse und Geschwüre gehandelt. Innerlich angewendet sollte er Lungen-
krankheiten heilen. Dass er späterhin völlig von seinem Vetter, dem Spinat, verdrängt wurde,
liegt an seiner Sensibilität. Bald nach der Ernte welkt er, muss also rasch verwertet werden.
Heute findet man ihn fast nur noch wild wachsend an Feldrandwegen. Saatgutbetriebe bieten
allerdings jetzt wieder Samentütchen mit einer Zuchtform an. Ihn selbst zu ziehen lohnt sich,

zumal es heißt, dass dem, der einen Guten Heinrich im Garten hat, die Heinzelleute bei allergrößter Not auch heute noch zu Hilfe eilen.

Gerade der Mangold mit seiner imposanten Statur, seinen knorrigen Blättern, hätte das Zeug dazu, als ein Wunderkraut zu brillieren, das Heinzelmännchen anlockt oder eisernen Veteranen Kampfesmut verleiht. Lässt er doch mitunter blutrote Speere aus seiner Knospe schießen. Doch nichts da, der Mangold, wie wir ihn heute kennen, ist ein bescheidenes Kind der Aufklärungsperiode. Er füllte stets die Mägen der Armen, doch weil er nach der Ernte rasch welkte, war er als Nahrungsmittel nicht allzu hoch angesehen. Ein bisschen Wunderglaube haftete ihm dennoch an, was aber an seiner siamesischen Schwester, der im Altertum sehr gefragten Roten Bete lag. Bei den alten Griechen und im Mittelalter galt Beta vulgaris als ein und dieselbe Pflanze, von der man mal die Blätter, mal die Rippen, mal die Knospenverdickung verwendete – oder auch alles zusammen.

Auch ohne die ihm durch einen Druckfehler angedichteten Eisenwerte bleibt der Spinat ein gesundes Gemüse, schließlich sind seine Kalium-, Calcium- und Magnesiumwerte alles andere als dürftig, ganz zu schweigen von seinem Vitamin A-Gehalt. Der Mangold kann bei all dem recht gut mithalten, vom Guten Heinrich, dem revitalisierten alten Vetter des Spinats, existieren jedoch noch keine verbindlichen Werte. Dem Internet zufolge sollen 100 Gramm davon 200 Milligramm Vitamin C enthalten. Das wäre viermal so viel wie bei Spinat und Mangold. Doch vielleicht ist auch dies ein »Druckfehler«.

Eine wenig geschätzte Eigenschaft von Spinat und Mangold, möglicherweise auch vom Guten Heinrich, ist das hohe Quantum an Oxalsäure. Die gilt als »Calciumräuber«, was sich indes durch die Kombination mit Sahne oder etwas Reibekäse leicht wettmachen lässt. Dass Oxalsäure auf die Nieren schlägt, steht auf einem anderen Blatt und sollte entsprechend Vorgeschädigte von häufigem Genuss abhalten.

WARUM DER GUTE HEINRICH WEISSGEPUDERTE BLÄTTER HAT? DIE SCHWABEN WISSEN ES, DENN ES KURSIERT EINE ALTE GESCHICHTE IM LÄNDLE. DEMNACH HAT VOR LANGER ZEIT EIN FRECHER BUB AM ABEND MEHL AUSGESTREUT, UM WENIGSTENS EINMAL DIE FUSSABDRÜCKE DER NACHTAKTIVEN HEINZELMÄNNER SEHEN ZU KÖNNEN. DIE KOBOLDE INDES ÄRGERTEN SICH ÜBER DEN INDISKRETEN VORSTOSS UND FLOHEN VOR DEN MENSCHEN. DER GUTE HEINRICH ABER BLIEB AM BODEN HÄNGEN UND VERWURZELTE. SO KLEBT DAS MEHL NUN FÜR IMMER AN SEINEN GÄNSEFUSS-BLÄTTERN.

Mangold-Wickel – FÜR 4 PERSONEN

FÜR DIE WICKEL: 800 G BLATTMANGOLD | 1 BRÖTCHEN | 500 G GEMISCHTES HACKFLEISCH | 1 EI | 2 TL SENF | SALZ, PFEFFER | 2 EL BUTTERSCHMALZ | **FÜR DIE SAUCE:** 150 ML WASSER | 1 TL SAUCEN-BINDER | 125 ML CRÈME FRAÎCHE | 1TL MAJORAN | SALZ, PFEFFER

Den Mangold waschen und putzen. 8 große Blätter ablösen und in kochendem Wasser etwa 2 Minuten blanchieren, herausnehmen und abtropfen lassen. Restlichen Mangold fein zerklei-nern. // Das Brötchen vierteln und in warmem Wasser einweichen, gut ausdrücken und zusam-men mit dem fein gehackten Mangold in eine Schüssel geben. Hackfleisch, Ei, Senf, Salz und Pfeffer hinzufügen und gut vermengen. // Die Mangoldblätter auf einer sauberen Arbeitsplatte ausbreiten. Jeweils ein Achtel des Fleischteigs auf ein Mangoldblatt legen, Ränder einschlagen, aufrollen und mit Garn umwickeln. // Butterschmalz in einem Topf erhitzen. Mangoldwickel nacheinander hineingeben und von allen Seiten anbräunen. Zuletzt alle Wickel in den Topf schichten und das Wasser zugießen. Die Wickel bei milder Hitze etwa 30 Minuten garen, aus der Brühe heben und das Garn vorsichtig ablösen. Wickel warm stellen. // Saucenbinder in die Brühe geben und aufkochen lassen. Zuletzt Crème fraîche und getrockneten Majoran einrühren, mit Salz und Pfeffer abschmecken. Die Wickel schließlich mit der Sahnesoße servieren. Dazu passen Kartoffelpüree und eingelegte Rote Bete. //

Grüner Strudel – FÜR 4 PERSONEN

FÜR DEN TEIG: 250 G WEIZENMEHL | 125 ML WASSER | 1 EIGELB | 50 G BUTTER | SALZ | OLIVENÖL ZUM BESTREICHEN | GERIEBENER GOUDA ZUM BESTREUEN | FÜR DIE FÜLLUNG: 800 G SPINAT, MANGOLD ODER GUTER HEINRICH | 200 G SCHAFSKÄSE | 200 G MÖHREN | OLIVENÖL | SALZ, PFEFFER | FÜR DIE JOGHURTCREME: 500 G CREMIGER JOGHURT (3,5 % FETT) | 1 EL SENF | SAFT VON ½ ZITRONE | SALZ, KRÄUTERSALZ

Teigzutaten mischen und zu einem Teig kneten, bei normaler Raumtemperatur ein bis zwei Stunden abgedeckt ruhen lassen. // Unterdessen Spinat, Mangold oder Guten Heinrich putzen und waschen, portionsweise blanchieren, abtropfen lassen und gut ausdrücken. Eventuell grob zurechthacken. Schafskäse in dünne Scheiben schneiden oder fein zerkrümeln. Möhren putzen, schälen und fein raspeln oder mit Hilfe einer Julienne in sehr feine Streifen schneiden. // Den Strudelteig auf bemehlter Fläche möglichst dünn zu einem Rechteck (ca. 30 x 55 cm) ausrollen. Mit etwas Olivenöl bestreichen, Gemüse und Käse so darauf verteilen, dass an den Kanten 3 Zentimeter Teig überstehen. Mit wenig Salz und Pfeffer würzen. Den Teig von der Längsseite her aufrollen, dabei die seitlichen Kanten einschlagen und etwas zusammendrücken. Den über-stehenden Teigrand der Längsseite ebenfalls einschlagen und an der Teigseite der Rolle fest-drücken. Den Strudel auf ein mit Backpapier belegtes Blech legen. Mit Olivenöl bestreichen und mit dem Gouda bestreuen. Im Backofen bei 200 °C etwa 45 Minuten backen. // Unterdessen die Zutaten für die Joghurtcreme gut verrühren, mit Salz und Kräutersalz abschmecken. // Den fertig gebackenen Strudel etwas abkühlen lassen, mit einem sehr scharfen Messer aufschneiden und portionsweise mit der Joghurtcreme anrichten. //

Mangold-Kokosmilch-Suppe – FÜR 4 PERSONEN

600 G BLATTMANGOLD | 30 G BUTTER | 1 DOSE KOKOSMILCH (400 G) | 500 ML GEMÜSEBRÜHE | 1 TL KURKUMA | 1 TL SAMBAL OELEK | SALZ

Den Mangold waschen und putzen, die Stiele in mundgerechte Stücke schneiden, ebenso Blätter und diese dann beiseite legen. Die Mangoldstiele portionsweise in Butter andünsten, mit der Kokosmilch ablöschen und auch die Gemüsebrühe zugießen. Anschließend Blätter zugeben und etwa 10 Minuten köcheln lassen. Zuletzt Kurkuma und Sambal Oelek einrühren. Eventuell mit Salz abschmecken. //

Spinatauflauf mit Lachs – FÜR 4 PERSONEN

4 LACHSFILETS | ZITRONENSAFT | 1 KG FRISCHER SPINAT | 2 KNOBLAUCHZEHEN | 125 ML CRÈME FRAÎCHE | SALZ, PFEFFER | 200 G GERIEBENER GREYERZER

Die Lachsfilets abspülen, mit etwas Zitronensaft beträufeln und eine Viertelstunde stehen lassen. Unterdessen den Spinat putzen und waschen, dabei grobe Blattstiele entfernen. In einen Topf geben, dessen Boden mit etwas Wasser bedeckt ist, und langsam bei niedriger Temperatur zusammenfallen lassen. Dann in einem Sieb abtropfen lassen. // Den Lachs abtrocknen und in eine gefettete Auflaufform geben. Den Spinat darüber verteilen. Die Knoblauchzehen durch eine Presse drücken und in die Crème fraîche einrühren. Mit dem Salz würzen und gleichmäßig über dem Spinat verteilen. Den Greyerzer darüber streuen. Die Auflaufform in einen auf 180 °C vorgeheizten Backofen stellen. Sobald der Auflauf zu köcheln beginnt, noch etwa 20 Minuten garen lassen. Der Käse soll dabei leicht bräunen. // Dazu passt frisches Weißbrot. //

PLATZ DA FÜR DIE PANZERBEERE

Von Gelbem Zentner und Butternut

Ein bisschen zum Fürchten sieht der Kürbis schon aus, wie er da an Halloween so in die Dunkelheit grinst. Feurig, mit flackernden Augen, Glut statt Grips in seinem ausgehöhlten Schädel. Doch abgesehen von seiner Neigung zu gruseligen Auftritten im Dienst der Eigenwerbung ist er eigentlich gar kein so übel Kerl. Zumindest, wenn das, was er im Kopf hatte, prompt in den Kochtopf wandert.

Es geht doch nichts über eine heiße, orange leuchtende Kürbissuppe, um den bibbernden Hexen, Vampiren und Frankenstein-Monstern nach ihrem traditionell frostigen »Süßes oder Saures«-Beutezug wieder einzuheizen. Und nicht nur das: Auch für ein paar Gläser Kompott wird das Fruchtfleisch noch reichen, nicht zu vergessen süßsauer Eingelegtes, zwei Kürbiskuchen sowie eine Großfamilien-Portion deftig gewürztes Kürbisgulasch zum Einfrieren.

Henriette Davidis schrieb schon 1844 in ihrem berühmten »Praktischen Kochbuch«: »Kürbisse geraten fast immer, und schon eine einzige Pflanze bringt soviel Früchte, wie ein gewöhnlicher Haushalt bedarf.« Womit sie auch die Rinder und Schweine einschloss, die zu ihren Zeiten überwiegend in den Genuss der gewaltigen »Gelben Zentner« kamen. Heutzutage reicht auch eine Frucht schon ganz schön weit. Vor allem, wenn es sich um einen der typischen Halloween-Kürbisse handelt, die, je nach Grusel-Intention, bis zu 10 Kilogramm wiegen können. Mit einer harten Schale, die nur mit Mühe zu entfernen ist, machen die großen Kürbisse der Bezeichnung »Panzerbeere« alle Ehre. Klein, aber fein kommen dagegen die modernen japanischen Züchtungen daher. Bestes Beispiel: der Hokkaido-Kürbis, so butterzart, dass er sogar mit der Schale zubereitet werden kann – mit Äpfeln, Kartoffeln, Ingwer und Curry ein wahres Suppen-Gedicht. Vor 10.000 Jahren sah das noch anders aus – da knabberten die Ureinwohner Südamerikas lieber die Kürbiskerne als das bittere Fruchtfleisch. Sie enthielten reichlich Vitamin E und hatten eine heilsame Wirkung auf Blasen- und Prostatabeschwerden. Doch schon ein paar Tausend Jahre später war der Kürbis mit seiner ausgewogenen Mischung aus Mineralstoffen, Spurenelementen, Vitaminen und bioaktiven Substanzen zum wichtigsten Grundnahrungsmittel Südamerikas avanciert. Umso verwunderlicher, dass er seit seiner Atlantiküberquerung mit Christoph Kolumbus im 16. Jahrhundert eher ein Aschenputteldasein in unseren Küchen geführt hat. Als Begrün-

dung wird gerne der satirische Schriftsteller Max Goldt angeführt, der dem Kürbis das »Aroma einer ungelüfteten Umkleidekabine« bescheinigt. Will heißen, wir haben uns auch nach 450 Jahren noch immer nicht an den eigenwilligen Geschmack mancher Sorten gewöhnt. Doch wer ihn schmäht, kennt ihn nicht, denn die Unterschiede sind gewaltig. Das mag zum einen daran liegen, dass die Familie der Kürbisse nach geschätzten 10.000 Jahren intensiver Zucht schon äußerlich eher einer bunten Zirkustruppe gleicht als einem Gemüse mit zuverlässigem Wiedererkennungswert: Getupft, gestreift oder einfarbig in allen Farben des Regenbogens, warzig, stachelig, gerippt, kugelig, diskus- oder schlangenförmig, süßlich, fruchtig, nussig – kaum ein Nicht-Spezialist wird in der Lage sein, alle rund 800 Sorten zu benennen. Die kleinsten Früchte wiegen weniger als 100 Gramm, der augenblicklich größte Kürbis der Welt, ein »Atlantic Giant«, protzt mit 1689 Pfund. Das ist nicht nur Angabe.

Denn mit der Größe kommt die Persönlichkeit. Solch schwellende Riesenform will sorgfältig gepflegt sein. Auf eine weiche Unterlage gebettet, mit Mist und verrottetem Ahornlaub gefüttert, gegen Mäuse verteidigt, mit einem Dach gegen Regenfälle und Hagelkörner versehen, in kalten Nächten zugedeckt, gestreichelt, mit Musik berieselt und sanft gewässert – es geht sogar das Gerücht, dass mancherorts die Kürbisse nur darum so besonders gut gedeihen, weil ihnen die Züchterfrau nach alter Sitte beim Säen das nackte Hinterteil gezeigt hat. Solch innige Beziehung geht nicht spurlos vorbei an Mensch und Kürbis. Und so treten sie dann gemeinsam mit »ihren« Menschen an, die prächtigsten Panzerbeeren der Welt, um erneut die Weltmeere zu erobern – oder zumindest den See im Südgarten des Ludwigsburger Schlosses, auf dem jeden Herbst die Kürbiskanuten in ihren ausgehöhlten Riesenkürbissen um die Wette paddeln. Ausgewachsene Männer in halbierten »Atlantic Giants« von knapp 400 Kilogramm, die noch vor vier Monaten nichts weiter als zarte Pflänzchen waren – da werden Märchen wahr im Ludwigsburger Schlosspark. Und wenn sie nicht gestorben sind, dann züchten sie noch heute.

Im Innern des Dicken ist eine Menge Platz – bevorzugt für Vitamin A, Magnesium, Calcium, Kalium und den Zellschutzstoff Beta-Carotin. Doch auch wenn der gesunde Sattmacher mit der Farbe eines Sommertages uns von innen wärmt und unsere Abwehrkräfte unterstützt – wirklich interessant wird es bei den Kernen: Die lassen sich bei Bedarf herauslöffeln oder, geröstet und gesalzen, einfach extra zur Kürbissuppe knabbern. Besonders geeignet sind dafür die Kerne des Steirischen Ölkürbisses, dessen Samen keine verholzte Samenhülle haben. Sie lassen sich ohne weitere Behandlung verzehren und liefern dabei wertvolle Fettsäuren wie die Linolsäure, zusätzlich Vitamin E und ein buntes Gebinde der Vitamine A, B1, B2, B6, C und D, die Mineralstoffe Phosphor, Kalium, Calcium, Magnesium, Eisen, Kupfer, Mangan, Selen und Zink. Im Kürbiskernöl konzentriert sich nicht nur satter Wohlgeschmack, sondern alles, was der Körper zum Wohlbefinden braucht. Seine positive Wirkung auf Blasen- und Prostataleiden ist nachgewiesen – und diese Medizin schmeckt ausnahmsweise so wunderbar, dass sie in keiner Küche fehlen sollte.

»ASCHENPUTTEL GING SOGLEICH HIN, NAHM DEN SCHÖNSTEN KÜRBIS AB, DEN ES FINDEN KONNTE, UND BRACHTE IHN SEINER PATIN, OHNE ZU ERRATEN, WIE DIESER KÜRBIS ES ZUM BALL BRINGEN KÖNNE. SEINE PATIN HÖHLTE IHN AUS, UND ALS NUR NOCH DIE SCHALE ÜBRIG WAR, KLOPFTE SIE MIT IHREM STAB DARAN: SOGLEICH WAR DER KÜRBIS IN EINE SCHÖNE, GANZ VERGOLDETE KAROSSE VERWANDELT.«
Charles Perrault, Aschenputtel und das gläserne Pantöffelchen, 1697

Kürbissuppe — FÜR 4 PERSONEN

1 KG JUNGE PATISSON-KÜRBISSE | 250 G MÖHREN | 1 STÜCK INGWER, ETWA DAUMENLANG | 3 EL HASELNÜSSE | 2 ZWIEBELN | 2 EL OLIVENÖL | 2 TL CURRYPULVER, MITTELSCHARF | 1 L GEMÜSE-BRÜHE | 3 EL RIESLING | SALZ, PFEFFER | 100 G CRÈME FRAÎCHE

Kürbis waschen und mit der Schale in 3 x 3 Zentimeter große Würfel schneiden, Möhren putzen und in Ringe schneiden. Ingwer fein reiben und Haselnüsse in feine Scheiben schneiden. // Die Zwiebel würfeln und in dem Öl glasig braten. Kürbisstücke und Möhren hinzufügen und ca. 5 Minuten mitbraten. // Mit ¾ Liter Brühe ablöschen und Ingwer sowie Currypulver hinzugeben. Hitze reduzieren und ca. 30 Minuten köcheln lassen. Mit dem Pürierstab pürieren und, falls nötig, weitere Brühe hinzufügen, bis die gewünschte Konsistenz erreicht ist. // Die Suppe nach Wunsch mit Salz, frisch gemahlenem Pfeffer und Riesling abschmecken. Vor dem Servieren Crème fraîche unterrühren. // Die Haselnüsse in einer heißen Pfanne bräunen und zur Suppe reichen. //

Kürbissalat – FÜR 4 PERSONEN

200 G HOKKAIDO-KÜRBIS | 30 G BUTTER | PFEFFER, SALZ | 200 G BRAUNE CHAMPIGNONS | 2 ROTE ZWIEBELN | 120 G FELDSALAT | 2 TOMATEN | 3 EL WALNUSSÖL | 1 EL WEISSER BALSAMICO-ESSIG | 2 TL AHORNSIRUP | 30 G KÜRBISKERNE | ½ BUND PETERSILIE | 2 TL KÜRBISKERNÖL

Kürbis waschen, vierteln und die Kerne mit einem Löffel entfernen. Die dünne Schale abschälen und das Kürbisfleisch grob raspeln. // In einer beschichteten Pfanne die Hälfte der Butter erhitzen und die Kürbisraspeln so kurz darin andünsten, dass sie noch knackig bleiben. Mit Pfeffer und Salz würzen und in einer Schüssel abkühlen lassen. // Champignons putzen und in Scheiben schneiden, Zwiebeln würfeln. Beides in der Pfanne mit der restlichen Butter anschwitzen. Champignons mit Pfeffer und Salz würzen und zum Abkühlen in eine Schüssel umfüllen. // Feldsalat putzen, Tomaten in Achtel schneiden und auf Tellern anrichten. Kürbis darauf häufen. // Für die Marinade Walnussöl mit Balsamico-Essig und Ahornsirup verrühren, mit Pfeffer und Salz würzen und über den Salat träufeln. // Kürbiskerne ohne Fett in einer Pfanne anrösten, bis sie anfangen zu duften, dann mit der gehackten Petersilie über den Kürbissalat streuen. Kürbiskernöl vorsichtig darüberträufeln. //

Kürbis »Heiß und Eis« — FÜR 4 PERSONEN
2 KLEINE BUTTERNUT-KÜRBISSE | 80 G BUTTER | 500 G VANILLEEIS | 100 ML AHORNSIRUP |
80 G MANDELBLÄTTCHEN

Kürbisse längs halbieren und Kerne mit einem Löffel entfernen. // Butterflöckchen auf die Schnittflächen verteilen und Kürbishälften bei 180 °C eine halbe Stunde lang in den Ofen schieben, bis das Fruchtfleisch weich geworden ist. // In dieser Zeit Mandelplättchen in einer Pfanne goldbraun rösten. // In die Vertiefung, in der zuvor die Kerne waren, ein bis zwei Kugeln Vanilleeis setzen, mit Ahornsirup begießen und mit Mandelblättchen bestreut servieren. //

Kürbis Pie — FÜR EINE SPRINGFORM MIT 26 CM DURCHMESSER
FÜR DEN TEIG: 260 G WEIZENMEHL | 90 G HONIG | 80 G GUT GEKÜHLTE BUTTER | 6 EL VOLLMILCH |
1 PR SALZ | FÜR DIE FÜLLUNG: 800 G BUTTERNUT-KÜRBIS | 6 EL APFELSAFT | 1 EL BUTTER |
100 G ROHRZUCKER | 50 G AHORNSIRUP | 2 TL ZIMT | 1 PR GERIEBENE MUSKATNUSS | 1 PR GEMAHLE-
NE NELKEN | 4 EL ROSINEN | 3 EIER | 200 G SAHNE

250 Gramm Mehl, Honig und Butter mit dem Salz in einer Schüssel miteinander verrühren. Die Butter in Flöckchen hinzufügen und den Teig zwischen den Händen zu einer krümeligen Masse verarbeiten. // Die Milch dazugießen und den Teig schnell so lange kneten, bis er zusammenklebt. Etwa 1 Stunde lang zugedeckt im Kühlschrank ruhen lassen. // Den Kürbis waschen, längs halbieren und mit einem Löffel von weichen Fasern und Kernen befreien. Dann das Fruchtfleisch mit der Schale würfeln. // Die Kürbiswürfel zusammen mit dem Apfelsaft in einen Topf geben. Das Ganze aufkochen lassen und bei mittlerer Hitze zugedeckt in 5–10 Minuten weich kochen. Dann vom Herd nehmen, mit einem Pürierstab pürieren und abkühlen lassen. // Den Ofen auf 200 °C vorheizen. Etwa $\frac{4}{5}$ des Teigs auf einer bemehlten Arbeitsfläche rund ausrollen. Die Form mit Butter ausfetten, den Teig hineinlegen, dabei einen Rand formen. Den Teigboden mit einer Gabel mehrmals einstechen und im Ofen auf mittlerer Schiene etwa 10 Minuten vorbacken. // Zucker, Sirup, die Gewürze, Rosinen und Eigelbe unter das abgekühlte Kürbispüree rühren. Eiweiß und Sahne getrennt steif schlagen. Beides unter die Creme ziehen. // Den Pieboden aus dem Ofen nehmen und diesen auf 180 °C einstellen. Die Füllung auf dem Teigboden verteilen. Den restlichen Teig in dünnen Streifen darüberlegen. // Auf der mittleren Schiene etwa 40 Minuten backen. //

VIEL WASSER UND WAS DAHINTER

Gurke und Zucchini

Lang, grün und so gerade wie ein Besenstiel – so kennen wir die Salatgurke seit zwanzig Jahren. Doch neuerdings heißt es »Rührt euch!« bei der Gurkentruppe. Denn die »Gurkenkrümmungsnorm« der EU, lange Zeit rhetorisches Symbol für europäische Regulierungswut, ist seit Mitte 2009 gekippt. »Gut geformt und praktisch gerade« sollte sie im Idealfall sein, mit einer maximalen Krümmung von exakt zehn Millimetern auf zehn Zentimeter. Als könnte sich die nordindische Einwanderin aus der bunten Multi-Kulti-Familie der Kürbisse lange zum Einheits-Strammstehen verurteilen lassen!

Nach rund viertausend Jahren Kultur reicht das Gurkenspektrum von den winzig-knackigen Cornichons und ihren etwas größeren Kollegen aus der Essig- und Gewürzgurkenfraktion über die mittelgroßen Schmor- und Salatgurken bis zu den gelblich großen Sorten, die sich nur noch in geschälten Stücken ins Senfgurkenglas quetschen lassen. Typisch für die Gurke ist, dass sie weitgehend in unausgereiftem Zustand genossen wird. Und für ein unreifes Früchtchen hat sie schon einiges erlebt: die lange Reise über Ägypten und Griechenland bis zu den Römern, wo sie als Günstling von Kaiser Tiberius sogar in fahrbaren Gewächshäusern gehätschelt wurde. Über die Alpen hat die Kälteempfindliche es zur Zeit um Christi Geburt allerdings noch nicht geschafft – lediglich in London wurden Gurkensamen aus römischer Zeit gefunden. Kein Wunder, dass sich in der englischen Bezeichnung »Cucumber« das lateinische »Cucumis« noch erkennen lässt. Und dass die Engländer – besonders schön zu lesen in Oscar Wildes Komödie »Bunbury« – der Gurke mit ihren gleichnamigen Sandwiches zur »Teatime« ein besonderes Denkmal setzten. Übrigens: Ob allerdings das 180 Meter hohe, »Cucumber« genannnte Bürohochhaus in der Londoner City seine spitz zulaufende runde Form aus Gründen höherer Energieeffizienz erhalten hat oder eher aufgrund geschmacklicher Präferenzen seines Architekten Lord Norman Foster, ist nicht bekannt.

Nach Mitteleuropa kam die Gurke schließlich in einem zweiten Anlauf: nicht durch die Römer, sondern – klimatisch abgehärtet – auf dem Weg über den slawischen Raum. Von dort brachte sie die Methode mit, durch Milchsäuregärung zur knackig eingelegten »Sauren Gurke« zu mutieren. Doch auch gekocht, geschmort, gefüllt und überbacken verbindet sie minimalen Kaloriengehalt mit maximalem Genuss. Dass sie überdies auch noch in- und auswendig für Gesundheit und Wellness sorgt, hielt der Arzt und Botaniker Tabernaemontanus bereits 1625 schriftlich fest: »Cucumern fürdern den Harn. (...) Die Bletter in Wein gesotten unnd übergelegt heylen die Hundtsbissz: Die Frucht zerschnitten unnd übergelegt kühlen die hitzige Geschwulst.«

Die Gurke entwässert und entschlackt, wirkt erfrischend und positiv auf die Regeneration der Haut. Noch heute gelten Salatgurkenscheiben als klassische Selfmade-Alternative zur teuren Feuchtigkeitsmaske aus der Kosmetikabteilung. Immerhin besteht sie zu 96 Prozent aus Wasser – da dürfte ein Ganzkörperbelag aus Gurkenscheiben schon fast einer kalten Dusche gleichkommen. Auch die Zucchini, die italienische Cousine der Gurke, hat sich den Beinamen »Wasserflasche des Gartens« redlich verdient – 93 Prozent ihres keulenförmigen Körpers bestehen aus Flüssigkeit. Ihr Fruchtfleisch ist fester als das der Gurke, und man kann sie problemlos mitsamt ihrer dünnen Schale essen. Ihr Name beruht übrigens auf einem Irrtum: »Zucchini« ist im Italienischen eigentlich die Mehrzahl von »Zucchino«. Die Deutschen benutzen diese Bezeichung jedoch auch für ein einzelnes Exemplar.

Aber mal ehrlich: Ein Zucchino kommt sowieso selten allein. Wenn es Juli wird in Deutschlands Schrebergärten, ziehen die Hobbyzüchter in die Welt hinaus und versuchen verzweifelt, ihre bis

dato unter den großen Blättern unentdeckten Zucchini in Baseballschlägergröße unters Volk zu bringen. Je nach persönlicher Vorliebe mit Hack oder Hüttenkäse gefüllte Zucchiniblüten und mit Olivenöl und Kräutern gegarte Zucchinischeiben beleben die Antipasti-Platten, Zucchini-kuchen ziert die Kaffeetafel und abenteuerliche Rezepte zur weiteren Verwendbarkeit der wuchsfreudigen Kürbis-Abkömmlinge machen die Runde. Das Schöne daran ist, dass man mit dem kalorienarmen Fruchtgemüse ungestraft experimentieren kann – denn es macht immer eine gute Figur.

Die Gurke tut dem Körper von innen und von außen gut. Kalium, Calcium, Phosphor und Magnesium, Provitamin A und Beta-Carotin und auch das Spurenelement Silicium oder Kieselsäure, das Haare, Haut und Nägel stärkt, lagern direkt unter der Schale. Darum empfiehlt es sich, Bio-Gurken ohne Pestizid-Belastung zu kaufen und sie nach Möglichkeit mit Schale zuzubereiten. Die Gurke ist ein hoch basisches Nahrungsmittel und wirkt der Übersäuerung des Körpers entgegen, die zum Beispiel durch den Verzehr von Fleisch, Eiern, Nüssen und Süßigkeiten entsteht. Mit ihren Bitterstoffen aktiviert sie Leber und Galle und bringt die Nieren auf Trab. Wer aller-dings frische Gurkenscheiben als Gesichtsmaske verwendet, führt seiner Haut damit Flüssigkeit zu – sie wird straffer, strahlender und Fältchen glätten sich.

Die magenschonende Zucchini bringt Calcium, Phosphor, Eisen, Provitamin A und Vitamin C mit auf den Tisch und ist, wie auch die Gurke, ideal als leichte Sommerkost geeignet.

ALS »CHRISTMAS PICKLE« HAT DIE GURKE EINGANG IN EINEN AMERIKANISCHEN WEIH-NACHTSBRAUCH GEFUNDEN. DABEI WIRD EIN AUS GLAS GEBLASENER CHRISTBAUM-SCHMUCK IN FORM EINER GEWÜRZGURKE IM WEIHNACHTSBAUM VERSTECKT – WELCHES KIND DIE TARNFARBIGE »PICKLE« ZUERST ENTDECKT, DARF ALS ERSTES DIE GESCHENKE ÖFFNEN. DIE AMERIKANER HALTEN DIES FÜR EINE TYPISCH DEUTSCHE TRADITION – DIE SICH HIER ALLERDINGS BISHER NIRGENDS NACHWEISEN LÄSST. DA »CHRISTMAS PICKLES« ZUNEHMEND NACHGEFRAGT WERDEN, BIETEN NUN AUCH DEUTSCHE PRODUZENTEN DIE GLASGÜRKCHEN ZUM VERKAUF AN. UND DER ANGEBLICH DEUTSCHE BRAUCH IST AUF DEM BESTEN WEG, AUF ÜBERSEEISCHEM UMWEG NUN AUCH BEI UNS FUSS ZU FASSEN.

697

Schmorgurken in Sahnesauce – FÜR 4 PERSONEN

1 KG SCHMORGURKEN | 40 G BUTTER | 1 ZWIEBEL | 300 G SAHNE | 50 G CRÈME FRAÎCHE | 100 ML HÜHNERBRÜHE | SALZ, PFEFFER | ½ BUND DILL

Die Gurken schälen, längs vierteln und mit einem Löffel die Kerne entfernen, dann quer in 2–3 Zentimeter dicke Scheiben schneiden. Die Gurkenstücke 5 Minuten in kochendem Salzwasser blanchieren, dann abtropfen lassen. // Butter in einer Pfanne erhitzen, die gewürfelte Zwiebel zugeben und die Gurken darin dünsten, bis die Restflüssigkeit verdampft ist. Sahne, Crème fraîche und Hühnerbrühe darübergießen, bis die Gurken bedeckt sind. So lange köcheln, bis die Sauce dicklich wird. Mit Salz und Pfeffer abschmecken und mit gehacktem Dill bestreuen. Mit Pellkartoffeln servieren. //

Zucchiniröllchen mit Räucherlachs – FÜR 4 PERSONEN

1 KG ZUCCHINI | SALZ, PFEFFER | 2 EL KRÄUTER DER PROVENCE | 100 ML OLIVENÖL | 200–400 G KRÄUTERFRISCHKÄSE | 200 G RÄUCHERLACHS | 1 BUND DILL | 2 EL WEISSER BALSAMICO-ESSIG | 2 KNOBLAUCHZEHEN

Die Zucchini mit der Brotschneidemaschine längs in dünne Scheiben schneiden. Die Scheiben mit Salz, Pfeffer und den Kräutern der Provence würzen. In etwas Öl auf beiden Seiten kurz anbraten, bis sie biegsam sind. Mit Küchenpapier abtupfen und abkühlen lassen. // Die abgekühlten Scheiben dünn mit Frischkäse bestreichen, mit gewürfelten Lachsscheiben und reichlich gehacktem Dill bestreuen. Die Scheiben aufrollen, mit Spießchen fixieren und auf einer Platte anrichten. // Essig mit 2 Esslöffeln Olivenöl und gepresstem Knoblauch verrühren und über die Röllchen träufeln. Ein bis zwei Stunden durchziehen lassen. //

Gurkensandwich »Bunbury« – FÜR 4 PERSONEN

7 EL WEICHE BUTTER | SCHALE VON 1 UNBEHANDELTEN ZITRONE | 1 EL LIMETTENSAFT | 12 SCHEIBEN DÜNN GESCHNITTENES WEISSBROT | 1 SALATGURKE | ZUCKER, BUNTER PFEFFER

In einer kleinen Schüssel die Butter mit der Zitronenschale und dem Limettensaft verrühren. // Brotscheiben toasten, abkühlen lassen und dünn mit Butter bestreichen. Die Salatgurke schälen, in dünne Scheiben schneiden und die Hälfte der Brotscheiben dünn damit belegen. Leicht mit Zucker und Pfeffer bestreuen. Die anderen gebutterten Brotscheiben darüberklappen. // Kanten abschneiden und jedes Sandwich in zwei Dreiecke schneiden. //

Zucchini-Muffins – ERGIBT 12 STÜCK

250 G ZUCCHINI | 100 G GOUDA | 200 G SCHAFSKÄSE | ½ ZWIEBEL | 3 EL ÖL | 100 ML SAHNE | 100 G KRÄUTERFRISCHKÄSE | 2 EIER | 200 G VOLLKORN-WEIZENMEHL | 1 PK BACKPULVER | 100 G PINIENKERNE | PFEFFER, SALZ

Zucchini waschen und grob reiben. Gouda reiben und mit den Zucchini mischen. Schafskäse in 12 Würfel schneiden, Zwiebel klein schneiden. Öl, Sahne, Kräuterfrischkäse und Eier hinzufügen. // Mehl mit Backpulver und klein gehackten Pinienkernen mischen. Sämtliche Zutaten miteinander verrühren. // In Papierförmchen in eine Muffin-Backform füllen und bei 180 °C ca. 25 Minuten backen. //

EIN REIZENDES GESPANN
Zwiebel und Lauch

Hat sieben Haeut, beisst alle Leut«, heißt es im Volksmund über die Zwiebel. Obwohl von Haus aus ein zartes Liliengewächs, wusste sie sich schon immer wirksam gegen tierische Fressfeinde zur Wehr zu setzen. Denn in den Zwiebelhäuten entstehen beim Anschneiden intensiv riechende schwefelhaltige Verbindungen, die wie eine Art Reizgas wirken.

Dass auch wir Menschen ihr nicht völlig trockenen Auges zu Leibe rücken können, beweist die Fülle guter Tipps, die angeblich gegen »LF« helfen sollen. »LF« – das ist Wissenschaftssprache und steht für »lachrymatory factor«, zu deutsch »tränentreibender Faktor«. Der ist seit einigen Jahren Forschungsgegenstand japanischer Gentechnologen, die intensiv daran arbeiten, der Zwiebel ihre aggressiven Ausdünstungen abzugewöhnen. Doch noch gehören ein paar kullernde Tränen trotz aller guten Ratschläge einfach dazu: Ob wir die Knollen nun vorher in den Kühlschrank packen, beim Zerschneiden einen Schluck Wasser im Mund behalten oder die Taucherbrille aus dem letzten Mallorca-Urlaub aus der Kommode kramen – am Ende bezahlen wir unsere Lust auf alles Zwieblige immer mit mehr oder weniger rot geränderten Augen und durchfeuchteten Taschentüchern. Allerdings können wir wählen: Wer die scharfe Küchenzwiebel nicht ver- oder erträgt, kann sich ja an die rote Zwiebel oder die milde Schalotte halten, die deutlich weniger »bissig« daherkommen.

Die »Bolle« ist uns Deutschen lieb und teuer – wen juckt es da schon, dass das bodenständige Gemüse von einigen als derb empfunden wird? Der Geruch der Armeleute-Speise haftet ihr schon durch die Jahrtausende an. Im alten Ägypten hielt sie als Volksnahrungsmittel die Sklaven beim Bau der Pyramiden bei Kräften. Bei den Römern, in deren Tornistern die Kulturzwiebel über die Alpen wanderte, galt der Zwiebelgeruch mit zunehmender Dekadenz als unfein. Obwohl ihre gesundheitlichen Qualitäten, ebenso wie die ihrer nahen Verwandten Lauch und Knoblauch, unbestritten sind.

Die Zwiebel hat eine stark antibakterielle Wirkung – Hippokrates, der berühmteste Arzt des Altertums, setzte sie als Heilpflanze zur Entwässerung und Förderung der Wundheilung ein, und der Heilkundige Paracelsus behauptete im 16. Jahrhundert, dass die Zwiebel »eine ganze Apotheke« ersetze. Bei Hühneraugen und Haarausfall, Mückenstichen und Magenproblemen, Ohrensausen, Migräne und vor allem bei Erkrankungen der Atemwege sollte sie helfen und ganz nebenher auch noch die Lebens- und Liebeslust steigern. Heute weiß man, dass der Genuss von

Zwiebeln krebshemmend wirkt, den Blutzuckerspiegel senkt, das Immunsystem stärkt und die Blutgerinnung positiv beeinflusst.

Das klingt nicht nur für uns fast wie Zauberei: Schon früh galten die Zwiebel und ihr noch stärker duftender Verwandter, der Knoblauch, als Schutz gegen Unglück, Krankheit und böse Geister – Vampire inbegriffen. Sie wurden in der Tasche getragen, über Haus- oder Stalltür, im Zimmer von Gebärenden oder über Krankenbetten aufgehängt. Dass man die Zwiebel auch für bäuerliche Weissagungen benutzte, zeigt ein Wetterorakel, bei dem in der Christ- oder Silvesternacht zwölf mit Salz bestreute und mit den Namen der Monate versehene Zwiebelschalen aufgereiht wurden. Am nächsten Morgen schloss man aus der angezogenen Feuchtigkeit auf die Niederschläge in dem betreffenden Monat des kommenden Jahres.

Der nahe Verwandte der Zwiebel, der Lauch, bewegte sich schon im Altertum in »besseren« Kreisen. Kaiser Nero war für seinen extensiven Lauchkonsum bekannt, denn er versuchte, durch den regelmäßigen Genuss der herzhaften Stangen seine Singstimme zu verbessern. Von seinen Zeitgenossen wurde er dafür als »Porrophagus«, als »Lauchfresser« bezeichnet. Auch der englische Thronfolger Prinz Charles erscheint in den Medien regelmäßig mit Lauchzwiebel am Revers. Grund dafür sind nicht musikalische Ambitionen, sondern sein Titel als »Prince of Wales«. Dort ist es Sitte, jedes Jahr am 1. März, dem Tag des Nationalheiligen David, ein Lauchsträußchen zu tragen. Denn die Legende besagt, dass der heilige David den Briten am Vorabend der Schlacht gegen die Sachsen riet, sich Lauch an die Mützen zu stecken, um Freund und Feind besser unterscheiden zu können. Die Waliser gewannen die Schlacht – und ein Nationalemblem, dem sie viele außergewöhnliche Rezepte verdanken.

Eigentlich schützen sich die meisten Zwiebeln ja mit Ungenießbarkeit gegen Fraßschäden – nur die gezüchteten Speisezwiebeln sind für uns Menschen geradezu zum Heulen gesund. Das liegt nicht nur an ihrem hohen Kalium- und Calciumgehalt, sondern unter anderem auch an den schwefelhaltigen Verbindungen, die beim Schneiden zersetzt werden und unsere Schleimhäute reizen. Es sind sogenannte Propanthial-S-Oxide, die unsere Tränen kullern lassen, aber auch Husten und Schnupfen lösen und einen antioxidativen Effekt auf freie Radikale haben. Auch der Gehalt an Selen, dem eine Wirkung gegen Herz-Kreislauf-Erkrankungen und sogar Krebs nachgesagt wird, ist in der Zwiebel relativ hoch. Porree oder Lauch enthalten viele Vitamine und Mineralstoffe, hervorzuheben sind Vitamin C, Vitamin K und Folsäure. Lauch soll nicht nur bei Bronchialerkrankungen hilfreich wirken, sondern er regt auch die Verdauung an und fördert die Nieren- und Gallentätigkeit. In der Literatur wird ihm eine entschlackende Wirkung zugeschrieben. Der Knoblauch glänzt, ähnlich wie die Zwiebel, als Bodyguard der Zellwände und soll Gefäßverschlüssen wie Schlaganfall oder Herzinfarkt entgegenwirken.

»GROSSEN DANK«, VERSETZTE SANCHO, »INDES MUSS ICH EUER GNADEN SAGEN, DASS ICH, WENN ICH EINMAL ETWAS ZU ESSEN HABE, EBEN SO GERN UND NOCH LIEBER, STEHEND UND FÜR MICH ALLEIN ESSE, ALS SITZEND AN DER SEITE EINES KAISERS. UND WENN ICH DIE REINE WAHRHEIT SAGEN SOLL SO SCHMECKT MIR DA, WAS ICH IN MEINEM WINKEL, OHNE ZWANG UND ZIEREREI ESSEN KANN, UND WÄRE ES AUCH NUR BROT UND EINE ZWIEBEL, WEIT BESSER, ALS EIN WELSCHER HAHN AN FREMDEM TISCHE, WO ICH NUR NACH UND NACH ESSEN UND WENIG TRINKEN DARF, MICH ABWISCHEN MUSS, WEDER NIESEN NOCH HUSTEN DARF, WENN ES MIR ANKOMMT, NOCH ANDERE DINGE THUN, WELCHE ALLEINSEYN UND FREIHEIT MIT SICH FÜHREN.« *Miguel de Cervantes Saavedra, Don Quijote*

Französische Zwiebelsuppe – FÜR 4 PERSONEN
400 G ZWIEBELN | 5 KNOBLAUCHZEHEN | 50 G BUTTER | 40 G MEHL | 750 ML HEISSE GEMÜSE-BRÜHE | 150 ML TROCKENER WEISSWEIN | SCHWARZER PFEFFER, SALZ | 4 SCHEIBEN BAGUETTE | 150 G GERIEBENER KÄSE | ½ BUND GEHACKTE PETERSILIE

Zwiebeln in Ringe schneiden, Knoblauch hacken. In der Butter dünsten. // Mehl unter Rühren in der Butter anschwitzen. Mit der Gemüsebrühe ablöschen. Weißwein zufügen und 20 Minuten köcheln. Mit Pfeffer und Salz abschmecken. Suppe in feuerfeste Tassen füllen. // Baguettescheiben toasten und auf die Suppe legen. Mit Käse bestreuen und leicht pfeffern. Bei 200 °C 5 Minuten überbacken. Petersilie über Suppe und Brotscheiben streuen und servieren. //

Lauch-Tartelettes mit Gorgonzola – ERGIBT 12 STÜCK
FÜR DEN TEIG: 250 G DINKELMEHL | 2 EIGELB | 150 G WEICHE BUTTER | ½ TL GERIEBENE ZITRONEN-SCHALE | FÜR DIE FÜLLUNG: 2 LAUCHSTANGEN | 1 ZWIEBEL | 1 KNOBLAUCHZEHE | 50 G BUTTER | 4 EINGELEGTE BIRNENHÄLFTEN | 200 G GORGONZOLA | 150 G ERDNUSSFLIPS | 125 G SCHMAND | 3 EIER | 2 EIWEISS | PFEFFER, MUSKAT | 1 TL FRISCH GEZUPFTE THYMIANBLÄTTER | SALZ

Aus den Teigzutaten einen Mürbeteig kneten und ihn eine halbe Stunde kühl ruhen lassen. // In dieser Zeit den Lauch in dünne Ringe und die Zwiebel sowie den Knoblauch in feine Würfel schneiden. In der Butter etwa 5 Minuten andünsten. // Die Birnen und den Gorgonzola würfeln, Erdnussflips in einem Gefrierbeutel zerkleinern. // Den Teig auf einer bemehlten Fläche dünn ausrollen und die Tarteletteförmchen damit auslegen. // Den Teig mit Erdnussbröseln bestreuen. Erst Lauch und Zwiebeln, dann Birnen und Gorgonzola darauf verteilen. // Schmand mit den Eiern verquirlen und mit Pfeffer, Muskat, Thymian und etwas Salz würzen. Die Törtchen damit begießen und bei 200 °C im Backofen ca. 20 Minuten goldbraun backen. // Lauwarm zum Wein servieren. //

Provençalischer Zwiebel-Olivenkuchen – FÜR EIN BLECH

FÜR DEN TEIG: 250 G MEHL | 1 PR SALZ | 15 G FRISCHHEFE | 150 ML LAUWARMES WASSER | 2 EL OLIVENÖL | FÜR DEN BELAG: 1 KG ZWIEBELN | SALZ, SCHWARZER PFEFFER | 5 ZEHEN KNOBLAUCH | 10 SARDELLENFILETS | 150 G SCHWARZE OLIVEN | 50 ML OLIVENÖL | 2 EL KRÄUTER DER PROVENCE

Mehl und Salz in einer Schüssel mischen. Die Hefe mit einem Teil des lauwarmen Wassers anrühren und zum Mehl geben. Das restliche Wasser sowie das Olivenöl hinzufügen und alles zu einem glatten Teig verrühren. Zugedeckt etwa eine ¾ Stunde gehen lassen. // Die Zwiebeln schälen, in dünne Ringe schneiden und mit Olivenöl in einer Pfanne bei niedriger Temperatur in ca. 20 Minuten weich dünsten. Mit Salz, Pfeffer und gepresstem Knoblauch abschmecken. // Den Teig ungefähr einen halben Zentimeter dick ausrollen und auf ein Backblech legen. Die Zwiebelmasse in einem Sieb ausdrücken, auf dem Teig verteilen, mit den Sardellenfilets und den halbierten Oliven belegen. Mit den Kräutern der Provence bestreuen. // Ofen auf 180 °C vorheizen und den Kuchen ca. 35 Minuten backen. Heiß oder lauwarm servieren. //

Walisische Lauchsuppe mit Welsh Rarebit

FÜR DIE LAUCHSUPPE: 2 GROSSE LAUCHSTANGEN | 125 G KARTOFFELN | ½ L MILCH | SALZ, PFEFFER | 30 G BUTTER | 45 G MEHL | 60 G CHEDDARKÄSE | RÄUCHERTOFU | FÜR DAS WELSH RAREBIT: 300 G CHEDDARKÄSE | 0,2 L HELLES BIER | 1 EL MITTELSCHARFER SENF | PFEFFER | 8 SCHEIBEN TOASTBROT

Den Lauch putzen, waschen und in Ringe schneiden. Kurz in kochendem Wasser blanchieren und abtropfen lassen. Die Kartoffeln schälen und klein schneiden. Lauch und Kartoffeln in der Milch kochen, bis sie gar sind, mit Salz und Pfeffer würzen. Die Butter in einem kleinen Topf schmelzen lassen und das Mehl einrühren, kurz anschwitzen lassen. Nach und nach die Milchbrühe (ohne Gemüse) unter ständigem Rühren zufügen. Den Käse reiben. Die Sauce über die Lauch-Kartoffel-Mischung gießen, mit Räuchertofu garnieren und mit Käse bestreut servieren. // Für das Rarebit den Käse zerkleinern und zusammen mit dem Bier, dem Senf und dem Pfeffer bei milder Hitze in einem kleinen Topf unter Rühren schmelzen lassen. Die Masse darf nicht zu heiß werden, da sie sonst gerinnt. Die Toastscheiben leicht rösten, mit der Käsemasse bestreichen und auf ein Backblech legen. 3–4 Minuten im 220 °C heißen Backofen überbacken. Heiß servieren. //

PIKANTES AUS DEM NACHT-SCHATTEN-REICH

Tomaten, Paprika und »Indianischer Pfeffer«

Als Einwanderer in Europa hatte man es nie wirklich leicht. Das galt schon während der Renaissance und der Neuzeit. Galt auch für die neuen Gemüsesorten aus Amerika, zumal sie von den Botanikern jener Epoche sogleich als »Nachtschattengewächse« überführt wurden. Das Vorurteil war immerhin plausibel, denn die bis dato bekannten Vertreter dieser Gattung galten als unbekömmlich bis giftig und standen überdies in Verdacht, mit finsteren Mächten im Bunde zu stehen – wie zum Beispiel die Tollkirsche, der Stechapfel, das Bilsenkraut und die Alraune. Und so sollte es noch Jahrhunderte dauern, bis die schon von Kolumbus mitgebrachten Tomaten und der »indianische Pfeffer« den Sprung in Europas Töpfe und Terrinen schafften. Die Tomate war anfangs gelb, leuchtete in den Gärten des Adels mit Nachtkerze und Johanniskraut um die Wette. Warum sie errötete? Die Historiker wissen es nicht! Vielleicht war es die Scham oder die Wut über die ignoranten europäischen Eroberer, die in Solanum lycopersicum eine bloße Zierpflanze erkennen mochten. In der Heimat, bei den Azteken, war sie von jeher begehrtes Gemüse und sogar probates Heilmittel, ihr Saft wurde Genesenden zur Stärkung verabreicht. Unter den »Weißen« jedoch hielt sich hartnäckig die Mär, sie sei in allen Teilen giftig. Zumal sie an die Alraune erinnerte, jenes heidnische Zaubergewächs, das ebenfalls goldgelbe rundliche Früchte aufwies und bei dessen Anblick sich ein guter Christ zu bekreuzigen hatte.

Der Legende nach soll ein Spanier Mitte des 16. Jahrhunderts erstmals in eine reife Tomate gebissen haben. Ob aus übergroßem Hunger oder in liebeskranker Todessehnsucht, ist strittig. Zur allgemeinen Verblüffung seiner Umgebung überlebte der junge Mann und pries lauthals den hervorragenden pikanten Geschmack des neuen »Obstes«, das bald darauf großflächig in Spanien angebaut wurde. Der große Rest des Kontinents freilich mochte die Entdeckung vorerst nicht goutieren, denn obgleich sich die Tomate als essbar erwiesen hatte, blieb die Skepsis des Klerus erhalten. Zumal sie inzwischen in appetitlichem Rot leuchtete, stand sie im Verdacht, ein Aphrodisiakum zu sein, das auch den Frömmsten zur Unzucht verleiten könne. Mancher Bischof mutmaßte gar, sie sei die verbotene Frucht aus dem Paradies. Der Name Paradiesapfel – im Österreichischen Paradeiser – erinnert bis heute daran.

Ausgerechnet das katholische Italien scherte sich wenig um solche Warnungen. Das Land, das Casanova zum Volkshelden kürte, hatte auch keine Scheu, die »sündige Frucht« nach allen Regeln der Kochkunst zu verarbeiten: zu Sugo, Suppen, unverzichtbarem Pizzabelag … Allerdings war da das 19. Jahrhundert schon angebrochen. Seither gibt es sie übrigens auch wieder in Gelb. »Goldene Königin« – so hat man sie ehrerbietig getauft. Zwar ist die Züchtung nicht gerade von Erfolg gekrönt, fristet in den Beeten eigenwilliger Hobbygärtner eher ein Dasein im Exil. Doch immerhin – in einschlägigen Internetforen huldigt man ihr noch heute.

Was den Italienern die Tomate, das ist den Ungarn ihr Paprika. Kaum zu glauben, was sie alles mit Capsicum annuum angestellt haben, der kleinen roten Schote, die zunächst getrocknet und zerrieben als »indianischer Pfeffer« in Europa Einzug hielt. Trotz zweifelhafter Herkunft war sie beim aufkeimenden Bürgertum im 18. Jahrhundert beliebt und spielte bei der Demokratisierung der Würzkultur eine gewisse Rolle, vermochte sie doch den schwarzen oder weißen Pfeffer zu ersetzen, der – aus Kostengründen – lange dem Adel vorbehalten blieb.

In Ungarn aber gab man der scharfen Schote eine eigene kulinarische Identität, schuf das Ungarische Gulasch, das Zigeunerschnitzel und züchtete schließlich Varianten von Paprika in allen Ampelfarben und Schärfegraden. Letztere hängen übrigens vom Anteil eines inzwischen isolierbaren Stoffs namens Capsaicin ab (was vom griechischen kapto = beißen abgeleitet ist). Er dient

DIE JULISCHKA, DIE JULISCHKA AUS BUDA-BUDAPEST,
DIE HAT EIN HERZ AUS PAPRIKA, DAS KEINEM RUHE LÄSST.
UND WENN DIE KLEINE JULISCHKA AM ABEND SCHLAFEN GEHT,
DANN HAT SIE MIT HALLOTRIA UNS GLATT DEN KOPF VERDREHT.
YAJ, YAJ MAMMAN, WAS DIE ALLES KANN:
SIE ZIEHT GENAU WIE EIN MAGNET DIE MÄNNERHERZEN AN.
Aus: »Die Maske in Blau« von Fred Raymond, 1937

in der Medizin zur nebenwirkungsfreien Bakterien- und Rheumabekämpfung. Was die Ungarn wohl schon immer geahnt haben. Denn sie führten die getrockneten Schoten in der Hosentasche mit sich – als Scharfmacher gegen Hexenzauber und den »bösen Blick«.

Lycopin ist der Shooting-Star des vorigen Jahrzehnts. Er zählt zu den sogenannten sekundären Pflanzenstoffen, genießt dort aber eine Primärstellung. Schließlich soll er, mehreren Studien zufolge, ein effektiver Gegenspieler oxidativ bedingter Krankheiten sein – von Rheuma bis Krebs. Lebensmittelchemisch gesehen ist er lediglich der Stoff, der die Tomaten so intensiv rot macht – kein Wunder, dass die damit selbst zur »Wunderfrucht« gediehen sind. Kein Lebensmittel sonst kann ihnen beim Lycopingehalt das Wasser reichen. Nein, auch die roten Paprika und Peperoni nicht, denn die verdanken ihre intensive Farbe einem anderen Carotinoid, dem Beta-Carotin. Das gehört in antioxidativer Hinsicht freilich ebenfalls zu den Top-Leistungsträgern. Na, und außerdem verfügen ja beide über das schon erwähnte Capsaicin, das dem Organismus ordentlich einheizt. Die Paprika stellt in ihrem Vitamin C-Gehalt sogar die klassischen Südfrüchte in den Schatten! Dass alle drei über ordentlich viel Kalium und Vitamin E verfügen – nur so ein Aperçu am Rande!

Weiße Tomatensuppe – FÜR 4 PERSONEN ALS VORSPEISE

1 KG VOLLREIFE TOMATEN | 500 ML GEMÜSEBRÜHE | 1 ROTE PAPRIKA | 500 ML SAHNE | 2 ZWIEBELN |
2 KNOBLAUCHZEHEN | 2 EL OLIVENÖL | 2 EL MEHL | 250 ML WEISSWEIN | 1 TOPF FRISCHES BASILIKUM |
50 G BUTTER | SALZ, PFEFFER, CHILI

Tomaten und Gemüsebrühe im Standmixer pürieren. Masse in ein Sieb geben, das zuvor mit
einem Baumwolltuch ausgelegt wurde, und den klaren Tomatensaft langsam in eine Schüssel
laufen lassen (am besten über Nacht). // Paprika waschen, entkernen und in Viertel schneiden.
In wenig Wasser weich dünsten, enthäuten und mit zwei Esslöffeln Sahne pürieren. // Klein
geschnittene Zwiebeln und Knoblauch in Olivenöl andünsten, mit Mehl anschwitzen. Wein
und klaren Tomatensaft hinzufügen und nach Geschmack mit Salz, Pfeffer und Chili würzen.
Basilikumblätter und der Hälfte der Sahne hinzufügen, mit kalter Butter binden. Einige Blätter
Basilikum auf die Seite legen. // Die restliche Sahne schlagen und pürierte Paprika unterheben.
Die Suppenteller mit Paprikasahne und Basilikumblättern dekoriert servieren. //

Gefüllte Paprikaschoten in Rotwein – FÜR 4 PERSONEN

6 PAPRIKASCHOTEN (GELB, GRÜN, ROT) | 1 KLEINE ZUCCHINI | 1 ZWIEBEL | 1 KNOBLAUCHZEHE | 200 G
SCHAFSKÄSE | 2 EL OLIVENÖL | 100 G BASMATIREIS | 250 ML TROCKENER ROTWEIN | 250 ML HÜHNER-
BRÜHE | PFEFFER, SALZ | 3 TL KRÄUTER DER PROVENCE | 30 G PANIERMEHL

Paprikaschoten waschen, halbieren und von den Kernen befreien. Zwei Schoten in kleine Würfel
schneiden. Zucchini waschen, Zwiebel abziehen und beides in kleine Würfel schneiden. Gepressten Knoblauch und zerkrümelten Schafskäse miteinander fein zerdrücken. // Öl erhitzen, Reis
darin anrösten, anschließend das Gemüse dazugeben und anschwitzen. Mit je 150 Millilitern
Rotwein und Brühe angießen und 10 Minuten garen, 100 Gramm Schafskäse dazugeben und mit
Salz, Pfeffer und Kräutern der Provence würzen. // Backofen auf 200 °C vorheizen. Währenddessen Paprikahälften in eine Auflaufform setzen und mit der Gemüse-Reismischung füllen.
100 g Schafskäse mit dem Paniermehl mischen, und die Füllung damit bedecken. Den restlichen
Rotwein und die Gemüsebrühe aufgießen und etwa ½ Stunde garen. Mit Fladenbrot servieren. //

Bunter Tomaten-Paprika-Aufstrich — FÜR 4-6 PERSONEN

300 G ROTE TOMATEN | 300 G GELBE TOMATEN | 300 G GRÜNE PAPRIKA | SALZ, PFEFFER, ZUCKER | 2 KNOBLAUCHZEHEN | 1 ZWIEBEL | 1 BUND FRISCHES BASILIKUM | 1 EL MAJORAN | 2 EL OLIVENÖL

Tomaten kurz in kochendem Wasser blanchieren, Haut abziehen und aushöhlen. Nach Farbe getrennt in sehr kleine Würfel schneiden, mit etwas Salz bestreuen und 20 Minuten ziehen lassen. // Paprika waschen, halbieren und vom Kerngehäuse befreien. Mit der Haut nach oben etwa 20 Minuten unter den Grill des Backofens legen, bis diese Blasen wirft. Anschließend 10 Minuten in Alufolie wickeln und dann die Haut entfernen. Mit einer Gabel zerdrücken, nach Geschmack pfeffern und salzen. // Tomatenwürfel in einem Sieb gründlich ausdrücken. Knoblauch und Zwiebel schälen, fein hacken. Basilikumblättchen fein hacken und einige größere Blätter beiseite legen. Zusammen mit Majoran und Olivenöl zu gleichen Teilen mit Tomaten und Paprika mischen und mit Salz, Pfeffer und Zucker abschmecken. // Tassen mit Klarsichtfolie auslegen, je 1 Schicht rote und gelbe Tomatenmasse und Paprikamus hineinfüllen, noch einmal ausdrücken und den Saft abgießen. Auf Teller stürzen, mit Basilikum dekorieren. Dazu in Olivenöl geröstete Ciabattascheiben reichen. //

Peperonata — FÜR 4 PERSONEN

300 G PAPRIKA | 300 G GROSSE ZWIEBELN | 300 G TOMATEN | 4 EL OLIVENÖL | 1 EL ROTWEINESSIG | SALZ, PFEFFER

Paprika waschen, entkernen und in mundgerechte Stücke schneiden. Zwiebeln schälen und in Ringe zerteilen. Die Tomaten mit heißem Wasser übergießen, häuten und klein schneiden. // Öl in einer Pfanne erhitzen, die Zwiebelringe darin leicht braun werden lassen, dann Paprikastreifen und Tomaten dazugeben. Alles bei milder Hitze köcheln lassen, bis der Paprika noch bissfest ist. Mit Essig, Salz und Pfeffer würzen. // Peperonata passt als Beilage zu kurzgebratenem Fleisch oder Fisch, kann aber auch kalt oder warm als Vorspeise gegessen werden. //

UNGESTÜME BOTSCHAFT AN GÖTTER UND GEISTER

Bohnen, Erbsen, Linsen

Jahr für Jahr vollzieht sich die erstaunliche Metamorphose: Scheinbar unerschöpfliches Grün schießt aus der Erde, windet sich im Eiltempo himmelwärts, mit ebenso feinen wie energischen Trieben, ziert sich mit einem Meer schmetterlingsgleicher Blüten, leuchtend weiß bis signalrot – und dann? Dann fällt das Wunder jäh und schmutzigbraun in sich zusammen, hinterlässt eine Unmenge runzliger Schoten mit prallen kleinen Kernen. Wer die in feuchte Erde legt, kann das ungestüme Schauspiel bald wieder bestaunen. Wer sie stattdessen isst, staunt über etwas anderes: eine ungestüme Verdauung.

Hülsenfrüchte – ihr hoher Nährwert lässt sie derart anders als andere Gemüse erscheinen, dass die Ernährungswissenschaft sie entgegen landläufiger Definitionen gar nicht erst dazu zählen mag. Nur die – botanisch betrachtet – unreifen Formen wie Prinzess- oder Stangenbohnen und Zuckerschoten gelten als »Gemüse«.

Sie unreif zu ernten wäre bei den alten Ägyptern und Sumerern wohl als Sakrileg geahndet worden. Die ausgereiften Kerne waren begehrt, denn sie machten nicht nur satter als andere Nahrung, sie waren auch ein probater Vorrat für die Wintermonate. Heilige Gewächse also, auch dazu prädestiniert, den Toten als Wegzehrung mit ins Grab gelegt zu werden. Die Kelten hingegen nutzten die Kerne als Opfergabe zwecks Bestechung heidnischer Gottheiten oder zur Besänftigung böser Geister. Die jeweiligen Rituale wurden praktischerweise ins Frühjahr verlegt, wenn alte Lebensmittelvorräte angesichts erster Lauch- und Löwenzahnsprossen weniger bedeutsam erschienen.

Besonders Bohnen hatten im Ahnen- und Geisterkult eine lange Tradition bis in die Neuzeit hinein. Man hängte sie – in mottensicheren Leinensäckchen verpackt – in die Zimmerecken. Wer im Januar noch viel davon übrig hatte, konnte es sich leisten, an den legendären Bohnenfesten teilzunehmen, an denen landauf landab in Mitteleuropa ausgiebig gezecht und unzüchtige Lieder, sogenannte Bohnenlieder, gesungen wurden. Die Kirche hörte dergleichen nicht gern und ließ sie ächten. Mitte des 19. Jahrhunderts schwang sich der Humorist Ludwig Eichrodt noch zu ihrer Ehrenrettung auf. Umsonst! In fast allen Gegenden ist die Tradition des Bohnenfestes verloren gegangen.

Im Gegensatz zu ihrer derben Verwandtschaft umgab die Erbse von jeher ein Hauch von Noblesse. Was nicht allein darin bezeugt ist, dass Prinzessinnen laut Überlieferung mittels Erbsen unter der Matratze auf die Probe gestellt, oder besser gesagt: gelegt wurden. Die Perlchen mit der zartgrünen Farbe hatten von jeher den Vorzug, weit weniger zu blähen als Bohnen, eine Eigenschaft, die man in den vornehmen Kreisen der Neuzeit durchaus schon schätzte. Im 17. Jahrhundert entwickelten holländische Züchter schließlich die besonders kleinen, süßen Zuckererbsen, die nach bloßem Blanchieren auf den Tisch kommen konnten (die sogenannten petit pois). Sie wurden als teure Delikatesse gehandelt und schließlich geadelt, indem sich Sonnenkönig Ludwig XIV. öffentlich zu ihnen bekannte und sie immer wieder am Hof servieren ließ.

Die Linse als Dritte im Bunde hätte aufgrund ihrer zierlichen, flachbrüstigen Gestalt einen noch weit überzeugenderen Prinzessinnen-Eignungstest unter der Matratze ermöglicht. Doch viel kulturelle Verehrung war ihr in Europa nicht vergönnt, sie musste sich von jeher mit Rang Drei der Beliebtheitsskala begnügen. Ausnahme: in Schwaben. Wer sonst als die Schwaben hätte je so ein überzeugendes Gericht wie Linsen mit Spätzle kreiert!

In ihrer Heimat aber, dem Mittelmeerraum und Vorderasien, hatte die Linse eine herausragende Stellung. Ein alttestamentarischer Prominenter namens Esau maß ihr sogar so viel Wert bei, dass er sein Erstgeburtsrecht für einen Teller davon hergab.

Erbsen, Bohnen, Linsen – und das war's? Das war's noch lange nicht, denn die Botanik kennt Tausende von essbaren Hülsenfruchtvarianten. Eine große, weit verzweigte, international hoch angesehene und doch in einträchtiger Bescheidenheit lebende Familie. Hierzulande kennt und schätzt man – den vielen Einwanderern sei dank – inzwischen Exoten wie die Rote Linse, die Kichererbse und die Sojabohne. Zudem hat sich vor wenigen Jahren eine fast ausgestorbene und vergessene Ahnherrin der mitteleuropäischen Sorte energisch zurückgemeldet: die Dicke Bohne. Ein Unikum an Größe, dabei derb, aromatisch und – kleine Ironie der Natur – erbsengrün.

Pappsatt machen sie alle. Was am hohen Eiweißgehalt liegt, der mit 20–25 Prozent schon manchem Stück Fleisch den Rang abläuft. Ja, aber – monieren ihre Kritiker – die essentielle Aminosäure Methionin fehle ja. Von daher seien Hülsenfrüchte beileibe kein Fleischersatz. Verlangt auch keiner! Man gebe ein Würstchen zur Suppe oder streue ein bisschen Reibekäse drüber – schon ist alles gut. Ansonsten glänzen alle Hülsenfrüchte durch viel Eisen, Magnesium und Vitamin B6. Nicht zu vergessen die Ballaststoffe, die die Verdauung vorantreiben. Die blähende Wirkung verdanken wir den Mehrfachzuckern Raffinose, Stachyose und Verbacose, über die sich gegen Ende des Verdauungsvorgangs die Darmbakterien hermachen und uns dabei den Marsch blasen. Weniger lästig, aber mitunter problematisch kann der hohe Puringehalt sein. Den macht nicht jede Niere mit. Besonders wer zu Gicht tendiert, verkauft sein Linsengericht am besten zu guten Konditionen, wie weiland schon Jakob es tat.

WER GAR WAS DUMMES HÖRT UND SIEHT,
SPRICHT OFT NICHT VIEL GESCHEITER:
»DAS GEHT NOCH ÜBERS BOHNENLIED« –
UND DENKT DABEI NICHT WEITER.

DOCH GRÜNDLICHKEIT UND LIEBE SIEHT
SICH UM NACH EINEM BOHNENLIED.

WER ABER HAT IN ALLER WELT
DAS BOHNENLIED VERNOMMEN,
DAS SO VERRÜCKTES ZEUG ENTHÄLT,
DASS HIRSCHE NIEDERKOMMEN,

DASS JEDER UNSINN, WELCHER BLÜHT,
VERNUNFT WIRD VOR DEM BOHNENLIED?

WAS MAN VOM BOHNENLIED SONST GAR
ANRÜCHIGES WILL WISSEN,
DAS IST VERLEUMDUNG OFFENBAR
UND NUR ALS WITZ GERISSEN.

Aus: »Das Bohnenlied«
von Ludwig Eichrodt (1827–1892)

Französischer Bohneneintopf — FÜR 4-6 PERSONEN

500 G WEISSE BOHNEN | 500 G DURCHWACHSENER SPECK | 1 TL NATRON | 250 G MÖHREN | 250 G GARTENBOHNEN (AM BESTEN PRINZESSBOHNEN) | 3 KNOBLAUCHZEHEN | SALZ, WEISSER PFEFFER | 1 ZWEIG ROSMARIN | 1 ZWEIG THYMIAN | 100 G GREYERZER, GERIEBEN

Die weißen Bohnen über Nacht in Wasser quellen lassen. Das Einweichwasser weggießen, Bohnen abspülen und mit frischem Wasser aufsetzen. Den Speck von der Schwarte lösen, in mundgerechte Stücke schneiden und zusammen mit den weißen Bohnen insgesamt etwa 1 ½ Stunden köcheln lassen, bis beides gar ist. (Die Schwarte kann zum besseren Geschmack anfangs mitgekocht und später entfernt werden.) Dabei sollten Speck und Bohnen immer mit Wasser bedeckt sein, also eventuell heißes Wasser nachgießen. Anfangs den entstehenden Schaum mit einem Schaumlöffel abnehmen. Nach etwa einer halben Stunde Garzeit das Natron hinzugeben und mitköcheln lassen. // Unterdessen Möhren schälen und in mundgerechte Stücke schneiden, Gartenbohnen putzen und in Stücke schneiden. Beides dazugeben und die letzten 20 Minuten bei schwacher Hitze mitgaren. // Knoblauchzehen schälen und durch eine Knoblauchpresse in die Suppe geben. Alles mit Salz und weißem Pfeffer abschmecken. Von den Kräuterstängeln die Nadeln bzw. Blättchen abzupfen und unmittelbar vor dem Servieren in den Eintopf rühren. Den Eintopf in Teller gießen und mit dem geriebenen Käse bestreuen. Dazu passt frisches Weißbrot. //

Couscous mit Tomaten und Kichererbsen — FÜR 2 PERSONEN

75 G COUSCOUS | 500 G FLEISCHTOMATEN | 400 G GEGARTE KICHERERBSEN (EVENTUELL AUS DER DOSE) | 1 KNOBLAUCHZEHE | ½ CHILISCHOTE | 1 GESTRICHENER TL GETROCKNETER LIEBSTÖCKEL | KURKUMA, SALZ, PFEFFER | 200 G GERIEBENER GREYERZER

Den Couscous im Sieb etwas anfeuchten und anschließend im Wasserbad 15 Minuten körnig garen. Unterdessen Tomaten mit kochendem Wasser übergießen, häuten, aufschneiden, Kerne und Flüssigkeit entfernen. Das Fruchtfleisch in Stücke schneiden. Die Kichererbsen mit den Tomatenstücken in einer Schale gut vermengen. Gepressten Knoblauch hinzugeben. // Chili waschen, klein schneiden und zusammen mit dem Liebstöckel hinzufügen. Die Kichererbsen-Tomatenmasse mit den Gewürzen abschmecken und in eine Auflaufform füllen. // Nun den Couscous mit der Hälfte des Käses vermengen und über die Gemüsemasse schichten. Den restlichen Greyerzer darüberstreuen und bei 180 °C ungefähr 25 Minuten backen, bis die Oberfläche leicht gebräunt ist. Dazu passt ein grüner Salat. //

Linsen-Salat mit Lauch und Schafskäse – FÜR 4 PERSONEN

300 G BRAUNE GETROCKNETE LINSEN | 2–3 KAROTTEN (CA. 300 G) | 1 EL GEKÖRNTE GEMÜSEBRÜHE |
SALZ, PFEFFER | 1 MITTELGROSSE ZWIEBEL | ½ STANGE LAUCH (CA. 50 G) | 4 EL BALSAMICO-ESSIG |
2 TL MITTELSCHARFER SENF | 2 EL OLIVENÖL | 200 G FETAKÄSE

Linsen im Sieb abbrausen und in ¾ Liter Wasser ca. 20 Minuten bissfest garen. Die Karotten
schälen, in kleine Stifte raspeln und roh unter die Linsen mischen. Alles leicht würzen mit Gemüsebrühe, Salz und Pfeffer. Abgießen und auskühlen lassen. // Zwiebel schälen und fein hacken,
Lauch waschen, Stange evtl. halbieren und in feine Scheiben schneiden, mit Linsen und Karotten-
stiften vermengen. // In einer Salatschüssel aus Essig, Senf, Öl, Salz und Pfeffer eine Sauce
herstellen und zum Linsen-Gemüse geben, ca. 15 Minuten durchziehen lassen. Zuletzt den
Schafskäse in Würfel schneiden und untermischen. //

Rote Linsensuppe – FÜR 4 PERSONEN

300 G ROTE LINSEN | 1 MITTELGROSSE ZWIEBEL | 2 EL OLIVENÖL | 300 G TOMATEN | 50 ML TOMATEN-
MARK | GEKÖRNTE BRÜHE | SALZ, PFEFFER | ROTER BALSAMICO-ESSIG

Linsen in einem feinen Sieb waschen, dann in etwa ½ Liter Wasser 15 Minuten garen. // Unter-
dessen Zwiebel schälen, würfeln und in einer Kasserole in heißem Olivenöl glasig schmoren.
Tomaten mit heißem Wasser übergießen, häuten, klein schneiden und zu den Zwiebeln geben.
Tomatenmark einrühren und alles so weit einkochen, dass eine sämige Tomatencreme entsteht.
// Dann die gekochten Linsen mit dem Garwasser hinzugeben und gut verrühren. // Mit ge-
körnter Brühe, Salz, Pfeffer und Balsamico-Essig abschmecken. //

VON LIEBE, TAPFERKEIT UND TOD

Große Oper für den Sellerie

Er ist nicht gerade ein Hingucker im Gemüseregal: eine Knolle von stumpf beiger Farbe, mit Resten von Wurzeln und irgendwie immer ein bisschen narbig und schmuddelig, so liegt er unauffällig zwischen seinesgleichen. Manch einer kennt den Knollensellerie nur als Bestandteil der klassischen Suppengemüse-Mischung – ein bleicher Schnipsel zwischen Karotte, Lauch und Petersilie, den man vor dem Servieren am besten wieder aus dem Eintopf fischt, damit sich niemand fragen muss, woher wohl die unidentifizierbaren weißen Würfelchen kommen. Stimmt schon – er ist weder knackig wie ein Kohlrabi noch saftig wie eine Tomate, weder glänzt er wie eine Aubergine noch hat er die Frische einer Gurke. Der Sellerie, ein bescheidener Held ohne Glamourfaktor, ist dennoch einzigartig. Denn eines hat er im Übermaß: seinen intensiv würzigen Geschmack, der auf seinen hohen Gehalt an natürlichem Glutamat zurückzuführen ist. Sellerie schmeckt »umami«, das ist eine Geschmacksqualität, die von einem japanischen Forscher Anfang des vergangenen Jahrhunderts erstmals beschrieben wurde und soviel bedeutet wie »fleischig, herzhaft«.

In Zeiten des Altertums machte man sich darüber noch keine Gedanken. Der Sellerie, dessen Geschichte mehr als dreitausend Jahre alt ist, stand für die großen Dramen des Lebens: Liebe, Tapferkeit und Tod. Bei den alten Ägyptern war das Kraut, das bevorzugt auf salzhaltigen, feuchten Böden wächst, fester Bestandteil des Totenkults. Es wurde zusammen mit blauen Lotusblüten als Grabbeigabe bei vielen Mumien gefunden. Auch die Griechen pflanzten Sellerie auf Gräber und würzten mit ihm den Leichenschmaus, ebenso wie die Römer, die schon den Anblick eines mit Sellerie beladenen Karrens als schlechtes Omen betrachteten. »Apio indiget« – »Es gibt nur noch Sellerie für ihn«, sagten sie über den, der vom Tode gezeichnet war. Andererseits bekränzten sowohl Griechen als auch Römer ihre siegreichen Helden mit Selleriegrün, und bei den römischen Orgien waren auch die Spanferkelfüllungen mit dem Kraut gewürzt. Heute gilt der Sellerie an manchen Orten auch als Glücks- und Schutzpflanze.

In der »Odyssee« kommt ein weiterer Aspekt zum Tragen: sein Ruf als Aphrodisiakum. Auf den Inseln der Zauberin Kalypso, die Odysseus sieben Jahre lang mithilfe ihrer Liebeskünste gefangen hielt, ließ Homer neben Veilchen symbolisch auch Selleriekraut wachsen. Auch durch die folgenden Jahrhunderte haftete dem Sellerie sein potenzfördernder Ruf an. Ein französisches Sprichwort lautet: »Wüsste die Frau, was der Sellerie dem Mann antut, sie würde von Paris bis Rom gehen, um das Kraut zu holen.«

Seit dem frühen Mittelalter wuchs der Sellerie auch in unseren Klostergärten. In der Landgüterverordnung Karls des Großen »Capitulare de villis« von 812 war das Kraut eine der Pflanzen, die in den Gärten angebaut werden sollten. Hildegard von Bingen kannte ihn als harntreibende und menstruationsfördernde Heilpflanze, die auch bei Nieren-, Blasen-, Milz- und Leberleiden angewendet wurde. Paracelsus empfahl Sellerie auch als Nerventonikum: »Wen die Angst aufzufressen beginnt und wer nicht Herr darüber wird, der esse jeden zweiten Tag einen Stengel Selleriekraut.«

Dass Sellerie auch einfach nur köstlich schmecken kann, bewiesen im 17. Jahrhundert italienische Gärtner, die aus den bitteren Blättchen den milder schmeckenden Knollen- und Staudensellerie züchteten. Ein Siegeszug begann, für den das Heldengemüse sich eigentlich mit den eigenen Blättern bekränzen könnte. Innerhalb von hundert Jahren war Sellerie von europäischen Speisezetteln nicht mehr wegzudenken. In Deutschland ist die Knolle bevorzugter Gast in den Kochtöpfen – in Frankreich und im angelsächsischen Raum wird eher dem Staudensellerie der Vorzug

APIVM
Epffich.

gegeben. Er verfügt nur über eine kleine Wurzelknolle, dafür aber über lange, fleischige Blattstiele, die frisch und knackig schmecken. Die blassgrünen Stiele mit ihrem halbmondförmigen Durchmesser eignen sich ohne weitere Verarbeitung als handliche Rohkoststicks, mit denen sich leichte Dips hervorragend »löffeln« lassen. So ist der alte Haudegen in veränderter Form auf einmal wieder angesagt.

Schon sein intensiver Geruch verrät: Sellerie hat einen hohen Gehalt an ätherischen Ölen aufzuweisen. Die Vitamine A, C und E, Vitamine des B-Komplexes und Mineralstoffe wie Kalium und Natrium, außerdem Eisen, Kupfer und Zink machen das Gemüse ernährungsphysiologisch äußerst wertvoll. Der Sellerie entwässert – er gilt als stoffwechselanregend, blutdrucksenkend und antirheumatisch. Nierenkranke sollten ihn allerdings mit Vorsicht genießen, denn er kann die Nieren reizen. Die Terpene, die im Sellerieöl enthalten sind, wirken antimikrobiell – sie hemmen das Wachstum ungesunder Pilze und Bakterien in Mund und Magen.

Ob er seinem Ruf als Aphrodisiakum gerecht wird, konnte wissenschaftlich noch nicht erwiesen werden, doch allgemein wird dem Sellerie eine belebende und appetitfördernde Wirkung nachgesagt.

WEISSE RÜBENSUPPE
RINDFLEISCH SCHLAGE, STAMPFE, KLOPFE,
BRÜH ES AB IM IRDNEN TOPFE,
SPARGELSCHNITZEL, PORTULACKE
NIMM AUS SAUBERM SOMMERSACKE,

MORCHELN, EINE GANZE SIPPE,
ZIEHE VON DER FENSTERSTRIPPE,
PETERSILIE, KOHL VOM WIRSICH,
SELLERIE (DEN »BOWLENPFIRSICH«),

GELBE MÖHREN, GROSSE, RUNDE,
LASS SIE KOCHEN EINE STUNDE,
LASS SIE KOCHEN, BIS DIE TRÜBE
KLAR SICH SCHÄUMT, DANN RÜBE, RÜBE,
WEISSE RÜBE SCHNELL HINEIN,
UND SO WIRD'S GELUNGEN SEIN.

Theodor Fontane

Sellerie-Ananas-Salat — FÜR 4 PERSONEN ALS VORSPEISE

300 G KNOLLENSELLERIE | 2 EL ZITRONENSAFT | 100 G STAUDENSELLERIE | 200 G GOUDA | 1 SÄUER-
LICHER APFEL | 200 G ANANAS (FRISCH ODER AUS DER DOSE) | 150 G SAURE SAHNE | 2 TL AHORN-
SIRUP | PFEFFER, SALZ | 50 G WALNUSSKERNE

Knollensellerie schälen, reiben und mit Zitronensaft beträufeln, Staudensellerie waschen und in
dünne Scheiben schneiden. Gouda in Stifte, Apfel und Ananas in kleine Stücke schneiden und
alles mit dem Sellerie vermengen. // Saure Sahne mit Ahornsirup mischen und mit Pfeffer und
Salz abschmecken. Unter den Salat heben und mit gehackten Walnüssen bestreuen. //

Sellerie-Kartoffel-Quiche – FÜR 4 PERSONEN

FÜR DEN TEIG: 100 G WEIZENMEHL | 100 G DINKEL-VOLLKORNMEHL | 1 TL BACKPULVER | 6 EL WASSER | SALZ | FÜR DIE FÜLLUNG: 200 G RÄUCHERSPECK | 30 G BUTTER | 3 ZWIEBELN | SALZ, PFEFFER | 300 G SELLERIE | 300 G PELLKARTOFFELN | 100 G PARMESAN | MUSKAT | 1 BUND PETERSILIE | 1 GEHÄUFTER EL SPEISESTÄRKE | 200 MG SAHNE

Teigzutaten zu einem glatten Teig verkneten und ruhen lassen. // Speck in einer beschichteten Pfanne in der Butter anbraten, in Streifen geschnittene Zwiebeln hinzufügen und weich dünsten. Mit Salz und Pfeffer abschmecken. // Sellerie schälen, in dünne Scheiben schneiden und in Salzwasser garen. Pellkartoffeln schälen und in Scheiben schneiden, Parmesan fein reiben. // Teig in eine Springform von 24 Zentimetern Durchmesser drücken, dabei einen Rand formen. // Den Boden mit Parmesan bestreuen und mit dem Speck-Zwiebel-Gemisch bedecken. Kartoffel- und Selleriescheiben dachziegelartig daraufschichten, mit Salz, Pfeffer und Muskat würzen und mit klein geschnittener Petersilie bestreuen. // Speisestärke mit etwas Wasser anrühren und mit der Sahne mischen, dann über das Gemüse gießen. Bei 170 °C Umluft etwa 40 Minuten backen. //

Selleriesuppe mit süßer Sahne – FÜR 4 PERSONEN

1 MÖHRE | 1 KARTOFFEL | 1 SELLERIEKNOLLE | 1 ZWIEBEL | 1 FINGERGROSSES STÜCK INGWERWURZEL | 2 EL OLIVENÖL | 1 L GEMÜSEBRÜHE | 200 MG SAHNE | PFEFFER, SALZ | 1 EL WEISSWEIN | ½ BUND PETERSILIE

Möhre, Kartoffel und Sellerie schälen und klein schneiden, Zwiebel würfeln, Ingwer reiben. // Das Gemüse in Olivenöl andünsten, Gemüsebrühe dazu gießen und etwa 15–20 Minuten kochen. // Gemüse mit dem Pürierstab pürieren, Sahne hinzufügen, mit Gewürzen und Weißwein abschmecken. Mit gehackter Petersilie bestreut servieren. //

Sellerie Cordon Bleu – FÜR 4 PERSONEN

1 GROSSER KNOLLENSELLERIE | 1 L GEMÜSEBRÜHE | 2 EL ZITRONENSAFT | 250 G KOCHSCHINKEN | 250 G EMMENTALER KÄSE | 2 EIER | 100 G MEHL | 150 G SEMMELBRÖSEL | 100 ML OLIVENÖL

Sellerie schälen und in 1–2 Zentimeter breite Scheiben schneiden. Die Scheiben in Gemüsebrühe mit Zitronensaft bissfest garen. // Je zwei Selleriescheiben mit Schinken und Käse belegen und fest zusammendrücken. Falls nötig, mit Spießchen fixieren. // Die Sellerie-Cordon Bleu erst in Mehl wälzen, dann in verquirltem Ei und Semmelbröseln wenden. In Olivenöl goldbraun anbraten. Dazu passen frischer Salat, Tomatensoße oder Kräuterquark. //

d

d

b *a*

REGISTER DER REZEPTE

LITERATUR UND NÜTZLICHE ADRESSEN

Bartha-Pichler, Brigitte/Zuber, Markus: Haferwurzel und Feuerbohne. Alte Gemüsesorten – neu entdeckt. Aarau 2002.

Becker-Saaler, Lisa: Alte Gemüse – neu entdeckt. Aschaffenburg 2000.

Bendel, Lothar: Wissenswertes über Früchte und Gemüse. St. Augustin 1999.

Buser, Marianna/Koch, Antonia: Von fast vergessenen Gemüsen, Kräutern und Beeren. Weil der Stadt 2004.

Couplan, François: Wildpflanzen für die Küche. Botanik, Sammeltipps und Rezepte. Aarau 1997.

Dalby, Anthony/Granger, Sally: Küchengeheimnisse der Antike. Würzburg 1996.

Davidis, Henriette: Praktisches Kochbuch für die gewöhnliche und feinere Küche von 1844. Waltrop und Leipzig 1999.

Gallwitz, Esther: Schneewittchens Garten. Frankfurt am Main und Leipzig 1999.

Goetz, Hans-Werner: Leben im Mittelalter. München 1987.

Haßkerl, Heide: Holunder, Dost und Gänseblümchen. Darmstadt 2000.

Haßkerl, Heide: Schätze aus dem Bauerngarten. Darmstadt 2002.

Henseler, Klaus: Preußens Bauern. In: Kartoffelgeschichte (Internetveröffentlichung unter www.kartoffelge-schichte.de).

Körber-Grohne, Udelgard: Nutzpflanzen in Deutschland. Von der Vorgeschichte bis heute. Hamburg 1995.

Lorey, Heidi: Gemüse für Garten & Küche wieder-entdeckt. Münster 2005.

Mercatante, Anthony: Der magische Garten. Zürich 1980.

Moulin, Leo: Augenlust und Tafelfreuden. München 2002.

Müller, Klaus E.: Nektar und Ambrosia. Kleine Ethnologie des Essens und Trinkens. München 2003.

Otzen, Barbara und Hans: Das Kartoffelbuch. Geschichte und Geschichten, alte und neue Rezepte. Königswinter 2005.

Paczensky, Gert von/Dünnebier, Anna: Kulturgeschichte des Essens und Trinkens. München 1994.

Peschke, Hans Peter von/Feldmann, Werner: Kochbuch der alten Römer. Düsseldorf 2003.

Peschke, Hans-Peter von/Feldmann, Werner: Zu Gast bei Kleopatra und Robin Hood. Eine kulinarische Zeitreise. Düsseldorf 2003.

Storl, Wolf-Dieter: Bekannte und vergessene Gemüse. Geschichte, Rezepte, Heilkunde. Aarau 2002.

Tügel, Hanne: Denkersmahlzeit. In: Essen ist menschlich. Zur Nahrungskultur der Gegenwart. Frankfurt 2003.

Arche Noah
Obere Straße 40
A-3553 Schloß Schiltern
+43 (0) 2734 8626
info@arche-noah.at
www.arche-noah.at

Bingenheimer Saatgut AG
Kronstraße 24
D-61209 Echzell
+49 (0) 6035 1899-0
info@oekoseeds.de
www.oekoseeds.de

Bioland Bauernhof Karsten Ellenberg
Ebstorfer Straße 1
D-29576 Barum
+49 (0) 5806 304
kartoffelvielfalt@t-online.de
www.kartoffelvielfalt.de

Dreschflegel GbR
Postfach 1213
D-37202 Witzenhausen
+49 (0) 5542 502744
verein-dreschflegel@gmx.net
www.dreschflegel-saatgut.de

Stiftung ProSpecieRara
Pfrundweg 14
CH-5000 Aarau
+41 (0) 62832 08 20 (morgens)
info@psrara.org
www.psrara.org

Verein zur Erhaltung der Nutzpflanzenvielfalt e. V.
Uhlandstraße 57
D-45468 Mühlheim an der Ruhr
+49 (0) 208 74049925
geschaeftsstelle@nutzpflanzenvielfalt.de
www.nutzpflanzenvielfalt.de

Verein zur Erhaltung und Rekultivierung von
Nutzpflanzen in Brandenburg e.V.
Burgstraße 20
D-16278 Greiffenberg
+49 (0) 33334 70232
vern_ev@01019freenet.de
www.vern.de

BILDNACHWEIS

Fotolia: 10 re (Georg Schierling), 22 (Twilight Art Pictures)
Mauritius Images: 6/Umschlagvorderseite (Food and
Drink), 12 (Profimedia), 14 (Peter Rathmann), 15 (age), 18 (Ilka
Gdanietz), 20 (Garden Picture Library), 21 re (Food and
Drink), 26 (Rosenfeld), 29 (FreshFood), 30 li (Klaus
Hackenberg), 30 re (Thomas Schultze), 34 (Garden Picture
Library), 36 li (Jiri Hubatka), 37 (Harald Lange), 39
(Rosenfeld), 42 li (FreshFood), 45 li (Gastrofotos), 45 re
(Westend61), 49/Umschlagrückseite o (Flora Press), 50
(Rosenfeld), 51 re (Brigitte Protzel), 53 (Photononstop), 56 li
(age), 58 (Garden Picture Library), 60 (FreshFood), 61
(FreshFood), 64 (Harald Lange), 66 (Food and Drink), 67/
Umschlagrückseite u (Photononstop), 69 (Uppercut
Independent), 72 beide (FreshFood), 74 (Photononstop), 77
(FreshFood), 81 re o (Imagebroker/Stephan Gabriel), 81 u
(Garden Picture Library), 82 (Food and Drink), 85 (Food and
Drink), 88 re u (Flora Press), 89 (Jo Kirchherr), 90 (Fresh-
Food), 93 (FreshFood), 97 beide (Food and Drink), 98 (Ulrich
Kerth), 101 (FreshFood), 104 li u (Westend61), 106 (Food and
Drink), 108 (Westend61)
Württembergische Landesbibliothek: 8, 10 li, 16, 21 li,
24, 28, 32, 36 re, 40, 42 re, 46, 51 li, 54, 56 re, 62, 70, 75,
78, 81 li o, 87, 88 li u, 94, 102, 104 re u, 109

Der Verlag dankt allen Rechteinhabern für die
freundliche Genehmigung zum Nachdruck.
Besonderer Dank geht an Herrn Dr. Eberhard Zwink,
den Leiter der Abteilung Alte und Wertvolle Drucke
der Württembergischen Landesbibliothek Stuttgart,
für seine fachkundige Unterstützung.